[illegible]
Montréal, 20.06.03

LE ROYAUME D'EXIL

DU MÊME AUTEUR

Les Machines du sens. Fragments d'une sémiologie médiévale (textes de Hugues de Saint-Victor, Thomas d'Aquin et Nicolas de Lyre), Paris, Editions des Cendres, 1987.

Les Préfaces d'Erasme au « Novum Instrumentum » (1516) avec des textes d'accompagnement (en collaboration avec J.-P. Gillet). Genève, Editions Labor et Fides, 1990.

La Perte des mots, essai sur la naissance de la « littérature » aux XVIe et XVIIe siècles. Presses universitaires de Strasbourg, 1990.

A PARAÎTRE

Edition du *Cymbalum Mundi* de Bonaventure Des Périers, Paris, Le Livre de Poche.

ISBN : 2-904469-69-1

YVES DELÈGUE

LE ROYAUME D'EXIL

LE SUJET DE LA LITTÉRATURE EN QUÊTE D'AUTEUR

OBSIDIANE

TABLE DES MATIÈRES

INTRODUCTION

« Porter le doute au sein du langage », disait Paulhan. Trois termes vont être ici les objets conjugués de mon soupçon : « littérature », « auteur », « sujet » ; trois termes clés qui, dans la langue ordinaire des critiques, et bien au-delà d'elle surtout, semblent aller d'eux-mêmes, mais que doit interroger qui s'essaie à ne trop parler dans le vide.

De la « littérature », Voltaire disait déjà qu'elle « est un de ces termes vagues si fréquents dans toutes les langues » ; lui-même avait du mal à en donner une définition précise (1). C'est qu'en son temps, le mot était en train de prendre l'acception que nous lui connaissons, telle qu'on la trouve dans le *Littré* : « L'ensemble des productions littéraires d'un pays. » (2) Pour Voltaire encore, on « avait de la littérature », on était homme ou femme « de grande littérature », et l'on désignait ainsi les amateurs, les pratiquants, les savants des Belles Lettres. Or récemment Paul Zumthor, dont tout le monde reconnaît la compétence de médiéviste, a posé cette question qui attache au terme le grelot de l'hésitation : « Y a-t-il une littérature médiévale ? » (3) ; à quoi il répond par la négative, soulignant

(1) Dans son *Dictionnaire philosophique*.

(2) Définition nullement tautologique, malgré les apparences. Le *Robert* ne fait que gloser cette « littérarité » de la littérature dans la définition qu'il donne de ce dernier terme, disant qu'elle est « la marque de préoccupations esthétiques ». Nous aurons à dire justement que la « littérature » telle que nous l'entendons depuis sa naissance « moderne » est contemporaine de l'invention de « l'esthétique ».

(3) In *Poétique* n° 66, avril 1986. Cf. du même *La Lettre et la voix*, Seuil, 1987.

ainsi que le terme n'a pas l'extension générale que nous lui conférons pour désigner la production textuelle de tous les temps. Notre naïf et superbe autocentrisme ne nous fait-il pas inclure dans le terme « littérature », de conception récente, et dont j'essaierai de montrer qu'elle date en France du XVIe siècle en son début, ce qui n'en relève pas, nous interdisant de saisir la mutation capitale qui s'est alors produite dans l'ordre de la textualité ?

Il en va pareillement de « l'auteur », ce terme si calme qu'il nous sert à désigner communément les producteurs de tous les textes parus ou à paraître sans distinction de lieu, de temps ou de genre : Homère est « l'auteur » de l'*Odyssée*, quand bien même il n'exista pas, aussi bien que les Pères de l'Eglise, Racine ou Rimbaud le sont de leurs « œuvres ». La fameuse conférence de M. Foucault, en 1969, sur le thème : *Qu'est-ce qu'un auteur ?* n'a pas dissocié l'amalgame : il convenait que cette notion « constitue le moment fort de l'individualisation dans l'histoire des idées, des connaissances, des littératures, dans l'histoire de la philosophie aussi et celle des sciences » (1) ; mais il s'abstenait d'assigner une date précise à ce « moment » dont la force aurait « scandé » l'histoire des idées dans chacune de ces disciplines : de saint Jérôme au moins jusqu'à l'orée du XIXe siècle, ce « moment » se déplace au gré de sa démonstration dans un brouillard temporel, qui lui permet de ramasser les traits de « l'auteur » en une seule figure, et de masquer par trop de netteté le fond trouble d'où il l'arrachait (2).

Même incertitude pour ce qui est du « sujet », à la différence près que ce terme, désignant le support de toute production, a rencontré

(1) *Bulletin de la Société française de philosophie*, juil.-sept. 1969, p. 77.

(2) Ce brouillage temporel est curieux chez un philosophe si attentif à analyser ce qu'il appelait « les grandes unités discursives », dont la « notion » d'auteur composait à ses yeux « l'unité première, solide et fondamentale » *(ibid.)*. En fait, l'indécision de M. Foucault sur ce point renvoie à cette autre, bien plus grave, entre sa théorie de l'histoire et sa méthode d'analyse, comme si, d'abord préoccupé de repérer le jeu des éléments composants ces « grandes unités », il pouvait remettre à plus tard la définition de leur mouvement diachronique : ce que faisant, il évitait de se demander si à son analyse ne manquait pas d'entrée de jeu l'essentiel à savoir le déséquilibre entre eux des éléments qui leur permet de jouer dans le temps (cf. *Les mots et les choses*, p. 64-65). A mes yeux, « l'auteur » compose moins une figure, qu'une histoire extrêmement mouvante, dont il importe de comprendre l'éclosion et de percevoir le sens. Je tâche ici de dire le « moment » de « l'auteur ».

DB P

60328 F

****

"Bord

atum
ervice
echnung
latz

rüner Tee
sia.Gemü

umme

umme

wst
ETTO-BETRAG

ar

Geniessen
\- Spezial
aktu
Wir freuen

dans notre modernité le franc succès de la mode. Sujet de l'histoire, sujet de l'énonciation, sujet de la philosophie, sujet de l'économie, sujet de la politique, de la psychanalyse, etc. : il n'est pas de discipline qui n'ait aujourd'hui à compter avec ce point inaugural et obscur de toutes les formes existantes. Mais qu'entend-on dire avec cet alpha de l'origine qui, tout en se dérobant à la prise, rend possible toute prise ? Est-ce quelque plénitude dense, dotée de qualités premières, dont « l'individu », découvert, paraît-il, à la Renaissance, serait le lieu assignable, le fondement déterminable, le dépositaire isolable, insécable ? Ou bien se range-t-on après Descartes à concevoir un sujet qui serait un être de raison, intuition pure de sa propre pensée miraculeusement accordée à l'intelligence des choses extérieures ? Ou bien encore, et de façon cette fois résolument contemporaine, faut-il faire du sujet une faille, une déhiscence inscrite au creux de toute expérience particulière, et qui la supporte de son vide ou de son manque toujours en retrait ?

Il y a une « histoire du sujet » à écrire, et ce qu'on lira dans ces pages en constitue un fragment. Mon propos est de montrer que l'objet « littérature » a été indissociablement lié à l'apparition d'un « sujet » qui lui fut propre, et qui s'est cherché à partir du XVIe siècle sous la figure multiple, ambiguë, mais neuve, de « l'auteur ». Cette naissance était prévisible depuis plus d'un siècle ; elle répondait aux exigences d'un contexte social en pleine mutation : effondrement des anciennes structures féodales, sur lesquelles s'étaient moulés les systèmes de pensée ; centralisation du pouvoir qui reprend en main les cours provinciales ; formation des nations et de l'esprit patriotique ; enrichissement des classes supérieures et conquêtes en vue de tous les profits (c'est au XVIe siècle que le mot s'impose avec son sens déjà actuel) quelle qu'en soit la nature ; retour des textes oubliés, diffusion du savoir, imposition des langues nationales, etc. Je reviendrai à l'occasion sur l'un ou l'autre de ces traits qui joueront dans le filigrane de mes analyses, formant avec elle une composition implicite dont il n'est pas aisé d'énoncer les règles.

Tel n'est pas ici mon dessein : je cherche seulement à démêler le rapport contradictoire que dans la « littérature » naissante l'auteur et le sujet ont entretenu. Je précise d'un mot : l'auteur est la figure, le personnage masqué que le sujet a dû s'imposer à lui-même pour se saisir autrement que comme la force aussi mystérieuse qu'irrépressible de son inspiration, de son besoin d'écrire. Une question neuve, inouïe a doublé en ces temps la conscience de l'écrivain à sa tâche : qui suis-je, que suis-je là en train d'écrire ? Entre ce « qui » du sujet et ce « que » de l'objet, qui est aussi bien le sujet même sous sa figure d'auteur, l'échange et le conflit n'ont guère cessé à partir du XVIe siècle. Cette interrogation qui porte sur l'acte même de l'écriture, sur son incompréhensible nécessité (ce que Marot nommait, on le verra, « d'écrire son devoir ») a commandé en profondeur la production textuelle ; elle mettra des siècles pour trouver des semblants de réponse, que les différentes postures de l'auteur/acteur simuleront en vue de masquer le vide originel du sujet producteur, incapable de se saisir autrement que comme une plénitude fictive, c'est-à-dire puisée dans la fiction littéraire, dans l'imitation de ses leurres. La plénitude, que l'auteur ne cessera de s'attribuer dans ses rôles d'écriture, sera l'illusoire garantie que le sujet tentera de s'inventer.

C'est Montaigne qui le premier a clairement perçu le dilemme. On connaît l'avis Au Lecteur qui ouvrait son livre par cette phrase, dont la simplicité fracassante ne cesse pas aujourd'hui encore de faire scandale : « C'est icy un livre de bonne foy. » On avait eu jusque-là des livres de savoir, de théologie, de fiction, d'édification, mais jamais encore un livre de « bonne foy », un livre dont la « bonne foy » ferait la manière certes, mais encore la matière, au point que le sujet traité se confondrait avec le sujet traitant. Car cette « bonne foy » était la façon dont ce dernier s'affirmait avec sa vacuité totale, incapable de se définir autrement que par l'exigence morale de la fidélité à soi-même ; et c'était à « peindre » ce vide que le livre, dès ce même avis, s'avouait consacré ! « C'est moy que je peins... je suis moy mesme la matière de mon livre. » Comment cela, sinon en s'inventant, face au chevalet de l'écriture, des postures d'auteur qui seront démenties au gré des humeurs et des chapitres ? Aussi Montaigne était-il parfaitement de « bonne foy », lorsque, pour achever son avis, il congédiait son lecteur de son sourire malicieux : « Ce n'est pas raison que tu employes ton loisir en un subject si frivole et si vain. A Dieu donq... » Sur le mode de la quasi-dérision, il signifiait que ce « subject » en miroir d'auteur serait si « vain », si vide, qu'il échapperait à toute peinture où il croirait arrêter sa vérité.

Pareille découverte n'allait pas sans angoisse, même si la curiosité s'attachait jusqu'au vertige à poursuivre un « je » dont l'essence était de se dérober. Dès le XVIe siècle et bien au-delà, nombre de textes foisonnent aux limites de la folie, parce qu'ils ne sont plus tenus par leur sujet, aux deux sens du terme, et quelle qu'en soit la figure : « Monstres et chimères fantasques », dira Montaigne. C'est ainsi que la « littérature » fut le lieu où le sujet s'est inventé et masqué tout à la fois, se prêtant les contours et les contenances dont il se sentait dépossédé : l'auteur sera le modèle sur lequel se constituera avec le temps « l'individu » insécable, impénétrable, monadologique, pourvu de droits imprescriptibles qui n'est pas, contrairement à ce que pensait Burckhardt, l'invention de la Renaissance.

Je n'ai pas l'intention de suivre pas à pas la succession des avatars du sujet dans ses postures d'auteur : cette histoire nous conduirait jusqu'à Mallarmé, qui le premier tentera de rompre cette poursuite illusoire de l'un vers l'autre. Le sujet ne s'est pas laissé caparaçonner de certitudes et d'oubli ; en sourdine, il continuait à constater, à revendiquer même son non-être, mais il faudra attendre Mallarmé (et quelques autres avec lui) pour que l'auteur, rendu à sa « disparition élocutoire », consente à reconnaître sa vacuité originaire. Je me contenterai donc de marquer un point de départ avec sa dualité constitutive : irruption de l'auteur, invention du sujet. De l'une à l'autre de ces deux parts, les interférences sont bien sûr constantes. Je les marquerai à l'occasion, mais les nécessités de l'analyse m'obligeront à les séparer comme si c'étaient là deux moments distincts ; j'espère que leur liaison apparaîtra dans ce que nous continuons à nommer « littérature ».

On l'a compris : je ne propose pas ici une promenade dans les Champs élyséens pour y faire « revivre » de vieux écrivains gagnés par l'oubli (il faut en finir avec ce passéisme aux marges du folklore) : il est une façon de jouer les bernard-l'ermite dans les coquilles abandonnées – « O Louvre de lecture », disait Ponge –, qui vise à se donner les moyens de l'intelligence présente, et de permettre au « mollusque homme » (1) de comprendre la loi de ses plus actuelles sécrétions (2).

---

(1) Voyez les « Notes pour un coquillage » de Francis Ponge, dans son *Parti pris des choses*.

(2) Le présent ouvrage est la suite, l'amplification ou même la correction d'un autre plus ancien, qui vient de paraître aux Presses universitaires de Strasbourg sous le titre *La perte des mots. Essai sur la naissance de la littérature aux XVIe et XVIIe siècles*. J'y renverrai exceptionnellement, mais de l'un à l'autre il y a plus que de la connivence.

CHAPITRE I

L'A(U)(C)T(H)EUR

QUESTION D'ÉTYMOLOGIES

Nous croyons tous savoir ce qu'est au juste un auteur : M. Foucault en a arrêté les traits dans la conférence à laquelle j'ai déjà fait allusion : l'auteur est celui qui signe de son nom la propriété de son « œuvre » sur laquelle il possède des droits. C'est lui dont la signature authentifie le texte dont il endosse la responsabilité.

Pourtant un signe déjà intrigue : de l'auteur à l'authentification, d'où vient la différence d'une lettre amuie, *H* ? S'agit-il de deux termes distincts ? Est-ce un pur caprice orthographique qui ne mérite pas l'attention ? Mais on sait bien que la graphie est le plus souvent l'indice d'une histoire oubliée, dont certains mots sont les dépositaires discrets, qu'on le regrette ou non. L'auteur est l'un d'eux : il a été (l'est-il encore ?) l'enjeu d'obscurs conflits que je résume en l'écrivant de cette barbare façon, a(u)(c)t(h)eur, où chaque lettre entre parenthèses marque les hésitations du sens au fil des temps. Certains dictionnaires contemporains en ont gardé les traces, tel le *Lexicon totius latinitatis* de Forcellini (Padoue, 1940), dont je traduis la définition qu'il donne du terme *auctor* (1) :

(1) L'*Etymologicon linguae latinae* de Vossius (ed. de 1762) émettait déjà la plupart de ces hypothèses avec d'autres encore.

Vient du supin *auctum* du verbe *augeo*, raison pour laquelle on l'écrit avec -ct- et non avec un simple -t- ou avec -th-. Mais certains veulent qu'on écrive *autor*, et le font venir soit d'*audeo*, soit d'*aveo*, soit d'ἀυ-τουργος par syncope, soit d'ἀυ-τος (celui qui ne dépend que de soi et de qui les autres dépendent). D'autres préfèrent *author* avec une aspiration et le font dériver d'ἀυ-θέντης. Mais de toutes ces étymologies la plus probable est celle que nous avons dite et qui fait venir le mot d'*augeo*, et *auctor* s'écrit avec -ct-.

On ne prête qu'aux riches, mais qui eût pensé qu'un terme si tranquille cachait pareilles turbulences ? Rendons hommage à tant de scrupules, qui rappellent les diverses hypothèses autrefois avancées, même si pour l'auteur de ce dictionnaire la vérité, où désormais tout le monde s'accorde, ne fait aucun doute : « l'auteur », fils du latin *augeo-auctum*, est bien celui qui « augmente », « crée », et qui par suite garantit l'origine de son apport. Les Latins l'entendaient déjà de cette façon : pour eux, au singulier, le terme désignait le fondateur, l'initiateur qui répond de son œuvre, et au pluriel particulièrement, les auteurs d'ouvrages écrits. Comment les choses se sont-elles compliquées au point d'en arriver à ces curieux mélanges étymologiques ? Qu'on veuille bien me pardonner un excursus un peu austère, mais nécessaire, dans les terres éloignées où l'auteur moderne a pris naissance.

AUCTOR, AUTHOR, ACTOR

Les choses ont commencé à se compliquer au IVe siècle, semble-t-il, à partir d'une remarque du grammairien Servius, le célèbre et pointilleux commentateur de Virgile, à propos du vers 159 du chant XII de l'*Enéide* où Junon se dit *auctor ego audenti*, c'est-à-dire qu'elle prend sur elle l'initiative et la responsabilité d'un acte audacieux qu'elle conseille à Juturne. Or Junon est déesse-femme : comment peut-elle s'appliquer le terme *auctor*, dont la désinence est masculine, alors qu'existe la forme féminine *auctrix* ? Ainsi l'idée vient à Servius de distinguer deux termes en un, avec deux étymologies différentes :

> Les mots qui se terminent en *-tor* font d'eux-mêmes un féminin en *-trix*, pourvu toutefois qu'ils viennent d'un verbe ; exemple : *lego* donne *lector*, et *lector lectrix* ; de même *doceo, doctor* et *doctrix*. Mais si ces mots [en *-tor*] ne viennent pas d'un verbe, ils sont communs aux deux genres, et alors leur masculin et leur féminin se terminent pareillement en *-tor*. (1)

Servius se voit donc obligé de donner deux origines distinctes à *auctor* : l'une verbale, *auctum* (supin d'*augeo*), déjà reçue, l'autre nominale, *auctoritas*, dont il ne précise pas l'étymon.

Sa postérité s'en chargera, et, sans entrer dans la complexité d'une histoire qui reste à faire, disons seulement qu'au XIIIe siècle, il est admis par des grammairiens bien souvent répétitifs (2), que le terme *auctor* possède deux étymons, et en conséquence deux sens distincts : l'un, latin ou grec (*augeo* ou ἀυξ-άνω), qui lui donne le sens de celui qui augmente, invente, crée, avec un féminin *auctrix*. L'autre, grec ἀυ-θεντίμ, ἀυ-θέντης (3), avec le sens de celui qui garantit ce qu'il dit, et fait donc autorité ; terme commun aux deux genres. Dans le premier cas, l'*autor* s'applique d'abord à Dieu, cause première et créateur du monde, puis, surtout au pluriel, aux auteurs de livres sans distinction de qualité. Dans le

---

(1) La langue du XVIe siècle suscitera sur ce modèle une « auctrice » qui n'aura pas de postérité.

(2) Notons toutefois qu'au VIe siècle, dans ses *Etymologiarium libri*, Isidore de Séville, pourtant si curieux d'étymologies qui nous semblent aujourd'hui délirantes, s'en tient à celle de la tradition ancienne : pour lui, *auctor* vient d'*augeo*, c'est tout.

(3) La graphie *author* vient de cette origine supposée, le -th- marquant l'aspiration du *thèta* grec.

second, il désigne les auteurs dont les écrits font autorité et dont les citations *(auctoritates)* ont valeur de preuve et de vérité.

Les choses auraient pu en rester à ces distinctions somme toute fort claires, si un troisième terme, apparemment tout proche, n'était venu contaminer les deux autres : *actor* (formé sur le supin *actum*), l'acteur. Nos mêmes grammairiens s'évertuent à les distinguer, souvent en des vers mnémotechniques destinés à leurs élèves, tels ceux de Jean de Garlande dans son *Opus synonymorum*, que je traduis ainsi :

> L'ouvrier prend nom d'artisan, comme l'acteur. L'auteur trouve ; l'acteur agit ; l'aucteur augmente. L'auteur sans -c- vient d'*autentim* ; l'acteur parle de lui-même : l'-a- non suivi d'-u- vient d'*ago* ; l'aucteur avec -c- vient d'*augeo*. (1)

Or à partir du XIIIe siècle toujours, une curieuse répartition des sens a lieu en ces termes, et c'est de ce nœud verbal que l'auteur moderne naîtra, quand il l'aura tranché. M.D. Chenu a consacré sur ce point un article déjà ancien, mais qui dégage l'essentiel :

> « C'est *actor* qui va revêtir le sens d'*auctor* : auteur d'un ouvrage [...] et *auctor* va prendre une valeur spéciale en direction et en dépendance d'*auctoritas*, où se bloquent l'idée d'origine (*auctor* : qui prend l'initiative d'un acte) et l'idée d'autorité, de dignité [...] C'est d'ailleurs ce qui va introduire une seconde graphie *author*, que suscitait évidemment le rapprochement entre *auctor* et authentique. » (2)

La langue vernaculaire du moyen français hérite de ce partage : l'aucteur (parfois l'autheur) ne désigne plus que très

---

(1) Ou encore les deux vers d'Evrard de Béthune, dans son *Grecismus* : « *auctor* tire son nom d'*augendo* ; mais actor le tire d'*agendo*. D'*autentim*, mot grec, naît *autor* ».

(2) *Bulletin Du Cange*, 1927, t. 3, « Auctor, actor, autor », p. 83.

rarement l'écrivain, tandis que l'acteur est devenu, notamment chez ces poètes de la seconde moitié du XVe siècle qui se nommaient volontiers « rhétoriqueurs », l'étrange figure dont ils usaient presque toujours pour se représenter eux-mêmes sous les traits de celui que nous nommons aujourd'hui banalement l'auteur :

> L'autheur se dénomme acteur. *Je*-personnage ; l'un des héros de cette histoire. *Je* c'est le texte même, se posant comme tel, revêtement lexical de ce qui est l'intention du texte, plus que celle d'un humain dont nous n'avons pas à connaître. Vide de sens, coupé de toute *persona* qui, du dehors, s'y investisse, *je* ne remplit aucune fonction qu'intérieure au récit.

Ce sont les termes dont use Paul Zumthor pour définir ce personnage vide de lui-même (1) ; il est toutefois possible de le caractériser plus précisément.

L'AUTEUR SOUS LE VISAGE DE L'ACTEUR

Pour reprendre la terminologie de G. Genette, il a une fonction à la fois intra- et hétérodiégétique : c'est-à-dire que s'il figure dans le récit, il n'y occupe cependant le plus souvent qu'une place extérieure ; son « action » neutre consiste à présenter les discours tenus par les autres. Je m'appuierai pour en dénombrer les traits caractéristiques sur *La chasse d'amours*, long poème de 8 828 vers, attribué à Octovien de Saint-Gelais, publié en 1509, après la mort de son auteur supposé (2).

L'acteur y joue d'abord la fonction de témoin : il se trouve

(1) *Le masque et la lumière. La poétique des grands rhétoriqueurs*, Seuil, coll. Poétique, 1978, p. 148-149, livre capital qui a renouvelé notre intelligence des « grands rhétoriqueurs ».

(2) Ce texte vient de faire l'objet d'une édition critique par les soins de Mary Beth Winn à la librairie Droz, Paris-Genève, 1984.

par hasard au bon moment, au bon endroit pour voir les personnages qui vont faire l'action, puis pour entendre et recueillir leurs propos. C'est ce que Zumthor appelle « le type cadre de la rencontre » (1), tel qu'on le trouve déjà au XIIIe siècle dans le *Roman de la Rose* par exemple. Ainsi l'acteur de notre poème « chemine à loisir » dans une forêt, lorsqu'il « voit » un cerf poursuivi à mort par « maintz gens pervers » : il les observe et les suit jusque dans un château merveilleux, où il « voit » « Cupido, Dieu d'Amours » et près de lui « la royne Amour » ; alors

> En un quingnet [coin] me mys secrètement
> Affin d'oyr d'Amour plus haultement
> Tous les devis, car fort se lamentoit,
> Com vous orrez plus evidantement,
> Lisant après peu à peu lentement (v. 307-310).

Notre acteur, et c'est son second trait, est donc toujours en retrait : dans ce « quingnet » d'où il voit sans être vu, il joue son rôle de sténographe fidèle, obéissant à une curiosité que rien apparemment ne commande (2). Il est celui qui s'éclipse pour laisser parler les autres. Dans un récit où tous les personnages ne sont que des allégories plus ou moins vivantes, il est une allégorie au second degré, qui transcrit « la parole des autres » pour un public supposé de lecteurs avides.

Toutefois, il est aussi celui qui est chargé de faire le lien entre ces divers propos ; il a le rôle effacé mais indispensable du récitant. C'est-à-dire qu'au sens propre, c'est lui qui assure la continuité du récit, qui tisse la trame proprement romanesque. Il décrit les lieux où les propos sont tenus, rapporte les faits et gestes des personnages, résume leurs actions : il est chargé du contexte, dans une action où cepen-

---

(1) *Op. cit.*, p. 148.

(2) Je dis « apparemment », car bien sûr la « commande », ici passée sous silence, est bien réelle, comme on le verra bientôt, – et à quel prix !

dant seul le texte est censé importer. Car la vérité n'est pas dans les choses, mais dans les mots, même si les premières doivent être présentes pour donner sens aux seconds. C'est ainsi que notre acteur, qui avait commencé son poème par une longue description des lieux, soliloque en direction du lecteur, scandant les moments de l'autre parole au moyen de ce que Genette appellerait de longues « pauses descriptives », avant de reprendre son stylet de simple scribe.

Il lui arrive une fois cependant de vouloir jouer un rôle d'intervenant vraiment actif, se mêlant à ce qu'il regarde et de ce qui ne le regarde pas : le spectacle de « l'Amant Parfait », qui pleure et se plaint devant lui, l'émeut au point qu'il ne résiste pas à sa « grant pitié » d'homme ; alors avec audace il se « lance/ Auprès de luy la longueur d'une lance » pour le consoler. La réaction ne tarde pas : l'Amant parfait interroge l'intrus avec quelque sécheresse : « Mais dictes moy en motz fort briefz/ Qui povez estre », à quoi l'acteur fait cette réponse où il révèle son statut marginal d'inférieur :

> Amy pour vray se me voulez congnoistre
> Pas je ne suis ung grant seigneur ne maistre
> Mais povre et jeune, recongnoissant mon estre
> De la praticque [science du barreau]
> Et de la plume, vivant com fantastique
> Dedans Paris et au palais anticque
> Où maint homme est comme fol lunaticque
> Ainsi que potz,
> La teste vuyde de sens, sans nul repos,
> Pour les procés qu'ont contre maintz suppos. (v. 1265-74).

Surprenante irruption de la réalité dans un monde aristocratique, dont la « chasse d'amours » est travestie sous les beaux discours et les figures de l'allégorie ! Pour ce « povre et jeune » roturier assigné à sa fonction de plumitif misérable, le réel s'est inversé au point de devenir un univers « fantastique », c'est-à-dire irréel. Mais ce qui frappe surtout dans cet aveu, c'est la « reconnaissance » du « vuyde » chez un être contraint à la « plume », qui, au barreau ou chez les Grands, c'est tout un, n'est qu'un travail mercenaire (1). Le moment approche où l'acteur, prêt à se muer en auteur, refusera d'être tenu pour rien et revendiquera d'être reconnu pour son mérite d'écrivain.

LA LASSITUDE DE L'ACTEUR

Cette revendication a d'abord pris le visage de la lassitude, telle qu'on la trouve exprimée sans ambages par un poète important, de peu postérieur à Saint-Gelais : Jean Lemaire de Belges. Lui aussi se met en scène sous les traits de l'acteur, mais avec un ton dans la voix simulée qui ne trompe pas.

Il faut dire que Lemaire, plus que Saint-Gelais, jouait de malchance. Ses protecteurs, dont la libéralité le faisait vivre lui aussi, semblaient victimes du mauvais sort : leur mort ou celle de leurs proches les frappait dès qu'il les avait trouvés, et il se voyait contraint de dépenser son talent pour « déplorer » (c'était l'un des genres obligés pour ces poètes) ces trépas successifs. Pierre de Bourbon, qui venait de l'accueillir, meurt le 10 octobre 1503 : il écrit donc le *Temple d'honneur et de vertu* ; Pierre de Ligny le prend aussitôt à son service, mais il meurt à son tour le 31 décembre 1503, et c'est *La plainte du désiré*. Il est engagé par la duchesse de Savoie, dont le mari meurt en 1504 : Lemaire écrit donc la *Couronne margaritique* ; un an après ce sont les deux *Epîtres de l'amant vert*, qui, sur le mode quelque peu parodique, déplorent le trépas du perroquet de la dame. En 1507, la mort de Phi-

---

(1) « Passage de grand intérêt pour les quelques traits biographiques, malheureusement énigmatiques, de l'acteur », écrit l'éditrice de ce texte (éd. cit. p. 55). C'est réduire singulièrement la portée de ces vers où se définit la condition générale des « acteurs » : tour à tour « indiciaires » (historiographes), juristes, poètes des Grands, ils sont à leurs ordres pour garder, célébrer leurs moindres faits, défendre leurs droits. Leur condition est celle de valets à qui « la plume » n'accorde aucun privilège.

lippe le Beau, frère de la même duchesse, l'oblige à écrire les *Regrets de la dame infortunée*... On eut été fatigué à moins ! (1) et dès *La plainte du désiré*, Lemaire avait laissé percer son exaspération. Regardons-y d'un peu près (2).

Le poème, assez court, se compose de deux discours allégoriques, l'un de Paincture (31 strophes de 8 vers), l'autre de Rhétorique (34 strophes de 14 vers), qui doivent consoler « dame Nature naturée », que la douleur du deuil éplore au-delà de toute parole. L'acteur mêle trois fois la sienne pour présenter, lier et conclure les deux propos. Il s'exprime en prose, comme si sa condition lui interdisait le parler noble des vers réservé aux deux autres figures. Ses fonctions sont identiques à celles que nous avons dénombrées, mais cette fois il se garde bien d'intervenir en son nom propre : il transcrit et relie, caché en son retrait. Mais la différence éclate au narré et à sa conclusion : c'est la reconnaissance d'un échec de pareille poésie, et l'appel d'un renouvellement.

Paincture se plaint amèrement d'être contrainte de représenter la mort, et elle reproche rudement à Nature de s'être laissée enlaidir :

> Honte, diz je, voire honte honteuse,
> Du grant deffault qu'elle a ores commis.
> C'est ce de quoy elle est si despiteuse
> Ayant ses sens tous lasches et remis.
> Car au besoing ilz se sont endormis,
> Sans se haster de secourir à temps,
> Le beau fleuron, tout l'honneur du printemps (v. 49-56).

Paincture fait alors semblant d'appeler à son aide toutes ses recettes, tous ses meilleurs ouvriers : mais il lui faut renoncer, elle ne sait représenter que la vie, la joie :

---

(1) Lemaire a tout de même écrit autre chose que des « déplorations » : notamment *La concorde des deux langages*, importante pièce sur le débat entre les langues française et italienne qui occupait les premiers humanistes, au rang desquels il faut compter Lemaire ; et puis *Les illustrations des Gaules*, où il se fait le chantre des origines mythiques de la royauté française.

(2) Je cite ce texte dans l'édition de D. Yabsley (Paris, Droz, 1932).

> Car je congnois qu'on ne peut peindre une umbre (v. 248).

Elle passe donc le pensum à Rhétoricque, dont « les motz dorez » devraient mieux convenir à la besogne. Bien sûr, il n'en est rien : comment celle-ci réussirait-elle là où sa « doulce seur germaine » (v. 1) a échoué ? Le fameux *ut pictura poesis*, qui va obliger des siècles durant la poésie à imiter la peinture elle-même imitative, œuvre déjà en filigrane dans les propos de Rhétoricque. Bien plus, les grands poètes sont morts ; les survivants ne suffiront pas, même s'ils veulent

> ... déployer les biens de leur aumaire [armoire, coffre]
> Pour secourir leur humble Jehan Lemaire (v. 137-8).

L'acteur inscrit son nom dans l'œuvre qu'il est censé ne pas écrire, mais dont il revendique ainsi la propriété, comme le fera très bientôt l'auteur tout proche. Mais la propriété de quoi ? Coquille vide d'une poésie dépassée, poème en creux d'une autre à venir ! L'acteur quitte alors ce « retrait » de toute négativité, il abandonne la place aux musiciens qui ne font même pas partie du cortège funèbre autour de Nature. Que reste-t-il à Rhétoricque, sinon à chanter elle aussi la vie, une vie irréelle, hypothétique, celle de la gloire posthume qui ne manquera pas de s'attacher au défunt « Désiré ». Mais il n'échappe pas au lecteur que cette déploration sans joie est en réalité celle d'une poésie moribonde, dont l'acteur « désire » (1) la reviviscence sous d'autres formes, celles d'une modernité en train de lever.

Pour qui cependant ne saisirait pas tant d'impatience, l'acteur dans son dernier propos met les points sur les i : Nature après avoir écouté le « narré » s'en va sans dire mot,

> « car l'efficience du parler rhetorical n'avoit pas esté assez vifve a l'equipollent du dueil » (p. 90).

---

(1) Le « désir », c'est le constat de l'astre qui fait défaut *(de-sideratum)*, le désastre : la « littérature » à naître refera ce même constat, en le déplaçant sur l'auteur lui-même. J'y reviendrai.

Le genre a donc échoué, ce que l'acteur explique par les conditions dans lesquelles il fut « contraint » d'écrire :

> Et pour ce que je tenoye encores en ma main la rude plume laquelle en recente memoire tellement quellement avoit descript le trespas du feu tresbon prince bourbonnois, et son exaltation au temple d'honneur et de vertu (1), ilz jugerent de prime face, par sentence unanime, que ceste seconde matiere funebre de plain droit m'estoit devolue comme a tenu : et me chargerent de ce pesant faiz, non esgal à ma possibilité. Et combien que chose trop griefve et trop difficile me fust d'exhiber au feu tresdesiré, mon seigneur et bon maistre, ce dolent dernier et non esperé service, neantmoins, plus contrainct que content d'obtemperer à leur affectionné vouloir, je me mis a rediger en ceste peu elegante forme le dessus narré (p. 91).

On ne pouvait déclarer en termes plus nets l'impatience mal contenue d'un acteur qui, conscient d'avoir été dépossédé de lui-même, dut, « plus contrainct que content », « obtempérer » à des ordres où la poésie perdait l'« élégance » de sa « forme ». Il était temps pour lui de muer sa peau et sa voix pour d'autres postures et d'autres accents.

NAISSANCE DE L'AUTHEUR : DANTE LE PRÉCURSEUR

A vrai dire, les choses avaient été annoncées depuis longtemps, mais ailleurs que dans la filiation où les rhétoriqueurs s'inséraient volontiers, je veux parler de Dante et notamment d'un texte du *Banquet*, dans lequel, devant dire ce qu'est l'autorité, il donne de l'auteur une double définition, qui rejaillit bien au-delà de son œuvre :

---

(1) Voir plus haut p. 24.

> Il faut donc savoir qu'« autorité » n'est autre chose qu'« acte d'auteur ». Ce vocable, à savoir « auteur », *authòr* sans la lettre *c* à la troisième place, peut descendre de deux principes : l'un est un verbe très délaissé en grammaire par l'usage, qui somme toute signifie « lier les mots », à savoir *avieo.* Et si l'on regarde bien ce verbe en la première de ses formes, on notera manifestement que lui-même en donne signifiance, étant fait seulement d'un lien de paroles – à savoir cinq voyelles sans plus, qui sont âme et lien de toute parole – et composé d'icelles par manière d'enroulement ; en sorte qu'il trace l'image d'un lien. Car commençant par l'A, il se retourne de là sur l'U, et vient droit par l'I sur l'E, d'où se retournant il revient à l'O ; si bien que vraiment il représente cette figure : A E I O U, laquelle est figure de lien. Et en tant qu'auteur vient et descend de ce verbe, il se prend seulement pour les poètes, qui par l'art musaïque ont leurs paroles liées. (1)

J'isole à dessein ce passage, dont Dante lui-même souligne qu'il fait digression dans son propos : « cette signification, pour le présent, n'est pas celle dont on entend partir ». Pourquoi donc l'avoir donnée, comme par mégarde, surtout que son caractère énigmatique a de quoi surprendre même les plus avertis ?

J'en veux pour preuve le savant et passionnant article qu'A. Pézard lui a consacré (2) : il s'attache à montrer que cette figure d'enroulement que le texte incite à représenter ainsi : A E I O U, est en fait le tracé d'une étoile à cinq branches, qui symboliserait en dernière analyse les syllogismes que la dialectique acérée des « modistes », celle de Pierre d'Espagne ou de Buridan, avait formalisée ; puis au-delà encore, le fameux « nœud de Salomon » qui représenterait l'esprit sans lequel il n'y a pas d'autorité.

---

(1) Je cite d'après la traduction d'André Pézard, NRF, Bibl. de la Pléiade, *Banquet*, IV-vii, p. 449-50.

(2) *La rotta gonna. Gloses et corrections aux textes mineurs de Dante*, t. 1, Firenze, Paris, M. Didier, 1967, p. 237-260.

Inutile d'entrer dans les complexités délicieuses de la démonstration : spécieuse aussi, parce que justement Dante nous a prévenus que cette définition de l'auteur n'a rien à voir avec celle de l'autorité qui l'intéresse ici (1), et qu'elle ne concerne que les poètes « qui par l'art musaïque ont leurs paroles liées » (2). Qu'est-ce dire au juste ? Certes la logique s'inscrit dans le propos médiéval de l'harmonie universelle qui est « musique » du monde, lien entre ses parties, entre des propositions d'ordre mental. Mais le poète est celui dont « l'art » doit « lier » les voyelles et les consonnes, la voix de l'âme et les sons de la matière. Au sens propre, il est « homme de(s) lettres » : mais Dante assigne au *litteratus* médiéval une nouvelle fonction, non plus extérieure à l'écriture, celle du scribe, du compilateur ou du commentateur (3), mais celle de l'auteur-poète qui va naître, parce qu'il éprouve le mal-être d'habiter l'intérieur de sa langue et de vivre son écartèlement.

Les choses s'éclairent, si l'on se reporte à un passage essentiel de la *Vita nova*, dans lequel Dante raconte les origines de sa vocation poétique : ce texte, plus encore que le précédent, constitue à mes yeux l'acte de naissance de l'auteur à venir.

Dante y raconte le songe au cours duquel Amour, sous la forme d'« un jeune homme vêtu de très blancs vêtements », après lui avoir déclaré que le temps est venu « d'abandonner

(1) Aussitôt après, Dante se réfère à l'autre étymologie de l'auteur, traditionnelle, qu'il emprunte à Hugutio de Pise, et qui fait venir « auteur » du grec *autentim*, ainsi que je l'ai signalé.

(2) P. Zumthor explique ainsi la pensée de Dante : « La *musica* est posée comme un ordre transcendant, dont les signes tirent de son être leur signification. La supériorité intrinsèque de l'objet poétique sur tout autre produit du langage tient à ce qu'il est musicalement lié, inscrit dans un nombre constituant sa forme, laquelle s'intègre en la manifestation dans l'universelle analogie (*op. cit.*, p. 198).

(3) La distinction entre ces termes est devenue banale en cette fin de Moyen Age : c'est celle qu'expose encore en 1517 le *Vocabularium theologiae* d'Altenstaig : le scribe *(scriptor)* recopie un seul texte, le compilateur en recopie plusieurs qu'il assemble, le commentateur fait de même mais ajoute un peu du sien, l'auteur enfin cite des textes étrangers dans un livre dont l'essentiel est de lui : cette dernière définition ne fait pas encore de l'auteur un être vraiment à part.

leurs feintes », lui fait en latin, langue des dieux, cet aveu qui situe le poète dans son vrai rapport avec la vérité du monde :

> « Je suis comme le centre d'un cercle, par rapport auquel sont semblables tous les points de la circonférence ; mais toi, tu n'es point tel. » (1)

Tu autem non sic, voilà bien le mystère ! Dans un monde irradié par l'Amour, où il pouvait se croire installé parce qu'il est l'amant de Béatrice, le poète loin d'occuper une place privilégiée près de son dieu, est au contraire décentré ! Il est même sa différence, son écart, exilé du centre, son centre. Incapable de se fondre dans l'ordre qui cependant le fonde, il reçoit en partage une étrangeté paradoxale, incompréhensible, que sa poésie devra réduire sur ordre du dieu :

> Ces vers, fais qu'ils soient comme un moyenneur entre vous, de manière que tu ne parles pas à icelle à bout portant [...] mais fais les aorner d'une suave harmonie, en laquelle je serai toutes les fois qu'il sera besoin. » (2)

Le poète devient le « moyenneur », une sorte de *go-between*, d'intermédiaire ; ses vers, que l'Amour inspire quoi qu'ils chantent pourvu qu'ils soient harmonieux, ont mission de rétablir l'harmonie des liens rompus qui le rattachaient au monde. L'auteur, si son nom signifie bien « liaison », est la juste dénomination « des poètes, qui par l'art musaïque ont leurs paroles liées » entre elles, mais aussi au monde dont ils sont exclus : j'aurai à revenir longuement sur cette fulgurante prémonition.

---

(1) Ed. Pléiade, trad. A. Pézard, p. 22.
(2) *Ibid.*, p. 23.

Ce sentiment de mise à l'écart ne pouvait que s'accroître en cette fin du XVe siècle ; les rhétoriqueurs-acteurs le soulignaient à leur façon, quand ils se repliaient dans leur « quingnet », mués en simples voyeurs d'une action où ils n'avaient nulle part. Les jeux verbaux de leur versification, dont la virtuosité confondante n'a jamais servi qu'à les confondre d'inanité devant une postérité incapable de comprendre leur détresse, était leur façon d'affirmer, plume en main, autrement que par les déclarations expresses d'un Lemaire, leur volonté d'exister en tant que sujets-auteurs à part entière. Tous ces *Witz*, destinés à ravir de surprise, manifestaient la maîtrise en eux d'un sujet méconnu sur son propre terrain, celui du verbe (1). Ils étaient devenus « le vers personnellement », comme Mallarmé le dira de Hugo pour expliquer la « crise de vers » de son temps ; moyennant quoi, ils rappelaient que la langue des poètes a des exigences irréductibles à toutes les fonctions monnayées, à tous les usages communs, parce qu'elle a sa fin en soi.

Tout cela se comprend mieux si l'on a présente à l'esprit leur condition de roturiers mercenaires constamment menacés de perdre le protecteur qui les faisait vivre : sa mort peut-être, mais aussi les caprices de son humeur qu'il fallait savoir satisfaire. Sans doute l'âge de l'auteur sera lui aussi marqué par les récriminations contre la misère, par les suppliques pour obtenir des pensions. Il faudra savoir s'humilier, parler contre son gré ou son cœur : mais l'auteur désor-

(1) Ce point important a parfaitement été mis en valeur par P. Zumthor : « Les rhétoriqueurs m'apparaissent, collectivement, comme obsédés par la recherche d'un mode d'écrire qui permette de repersonnaliser le rapport de l'écrivant à l'écriture. Prisonniers de cours dont ils dépendaient pour le meilleur et le pire, ces hommes disposaient d'un seul lieu où se dérober à cette aliénation : l'intérieur même de l'univers poétique, c'est-à-dire l'acte constitutif du texte » (*op. cit.*, p. 54). La gratuité de leurs prouesses verbales était leur façon de mettre en évidence la singularité de leur métier.

mais, même dans cet exercice qui menace son honneur, parlera à visage découvert, et surtout il parlera au nom de sa dignité à conquérir et qu'il ne craint pas de proclamer à la face de ceux qu'il sollicite ; si la noblesse d'épée maintient la supériorité de ses droits, celle de plume combattra pour gagner les siens où la grandeur se mêle à des biens plus matériels.

C'est que dans le même temps l'œuvre « littéraire » était chargée d'une mission quasi officielle. Les anciens « acteurs » appartenaient encore à l'ordre féodal dont l'éparpillement (la fameuse « France des ducs ») devait causer l'effondrement. Appointés par des potentats locaux, ils n'avaient pas encore conscience de former un corps reconnu et nécessaire. Les auteurs naîtront dans la cour royale, cette « maistresse d'escole », ainsi que la nommera si justement Marot, le premier à coup sûr d'eux tous : c'est là qu'ils feront leurs classes, quand bien même la province les tient. La formation du pouvoir centralisé, la nécessité pour lui de créer une langue nationale, langue de pouvoir et de prestige mêlés, requérait que fût reconnu aux auteurs le devoir de contribuer à cette tâche. En retour ils devaient réclamer et obtenir des droits qui les authentifieraient dans leur nouvelle fonction. Le rôle en ce sens joué par François Ier et par sa sœur Marguerite, elle-même « auheur », a été prépondérant : le droit de jouer avec la langue, avec ses mots, passait de loin le simple exercice du style, comme c'était le cas des rhétoriqueurs, ou le jeu du « passe-temps » : il fallait imposer des modèles où la nouvelle société se reconnaîtrait.

Mais l'événement précis, concret, qui a précipité la mutation est sans aucun doute la divulgation de l'imprimerie : l'œuvre quittait avec elle le cercle restreint pour lequel elle avait été écrite, elle gagnait un vaste public indifférencié, qui aussi bien ignorait son producteur. Celui-ci avait à se faire connaître, à revendiquer ses droits de propriété, et cela d'autant plus que la corporation des imprimeurs-éditeurs voyait dans ce nouveau marché une occasion inespérée de profits qu'elle n'était pas spontanément prête à partager avec les auteurs. C'est ici une longue histoire qui commence, celle des « droits d'auteur », qui à l'évidence n'étaient pas seulement matériels (1).

MORT DE L'ACTEUR : MAROT, LE PREMIER AUTHEUR

Partons d'un fait remarquable : dans les premières années du XVIe siècle, « l'acteur » tombe en désuétude ; « l'autheur » le remplace, souvent orthographié « auteur », à la moderne (2). Dans son monumental *Dictionnaire historique de l'ancien langage français*, Lacurne croyait même pouvoir dater cette mutation grâce à un exemplaire du *Voyage de Gênes* (1507) de Jehan Marot, le père de Clément, sur lequel la main même de « l'acteur » aurait biffé ce terme le désignant pour le remplacer par « autheur » (3). L'indication est précieuse, même si « acteur » se retrouve encore plus tard sous la plume de Marot-fils (4) ; retenons-la au moins à titre symbolique, et rendons à Clément l'un de ses titres les plus nobles, celui d'avoir imposé « l'autheur » à la postérité.

On sait qu'il se chargea d'éditer le *Roman de la rose* en 1527, puis les *Poésies* de Villon en 1532. A ces deux occa-

---

(1) Sur la question, consulter L. Febvre et H.-J. Martin, *L'apparition du livre* (Albin Michel, 1958).

(2) Pour des raisons d'économie graphique, si je peux dire : on évite souvent d'écrire les lettres non perceptibles à l'audition, suivant les préceptes de réformateurs, qui, tels Louis Meigret, prônaient une orthographe phonétique ; mais dans « auteur » on reconnaît généralement « autheur ». La graphie « aucteur » tombe en désuétude : elle fait archaïque, tout comme l'ancien système du sens fondé sur le système des *auctoritates*. Le dictionnaire de Robert Estienne (1549) renvoie *auctor* à *author*. Le dernier qui oppose encore « aucteur » à « autheur » est peut-être Th. Sebillet, dans son *Art poëtique françoys* (1548) : « [tu] ne rencontreras bateleure en tous les vers, fors chez les vieux Poëtes qui ont esté autheurs et aucteurs de la bateleure » (ed. Gaiffe p. 203 et la note). On est surpris de constater qu'un an plus tard, dans sa *Défense et Illustration*, ce pamphlet moderniste, Du Bellay emploie 24 fois « aucteur » sur 27 occurences du terme, et cela encore dans les deux autres éditions (1557 et 1562) qui ont eu sa caution.

(3) Paris, Champion, 1875, 10 vol., art. « acteur ».

(4) Par exemple en 1527 dans la *Déploration de Florimond Robertet*, où il pastiche un genre désuet ; mais dès 1519, l'*Epistre du despourveu* faisait intervenir « l'autheur » en lieu et place de l'ancien « acteur ».

sions, il écrivit une préface où il prend sur lui de défendre « l'intention » de l'auteur, soit parce qu'elle a été travestie par les interprètes, soit parce que le texte a été mutilé par les imprimeurs. « L'intention de l'auteur » : la formule était ancienne : depuis le XIIIe siècle, les commentateurs des Ecritures, voulant borner la frénésie allégorisante de certains, réclamaient qu'on en revînt d'abord au sens « historial » ou « littéral », niveau premier où se lisait la « pensée » ou « l'intention » de l'auteur, avant de se perdre dans les niveaux « allégoriques » (1). Marot semble reprendre la même argumentation, mais il la renverse, lorsqu'il prétend restaurer l'« intention » morale de l'« aucteur » du *Roman* accusé de « sensualité » :

> Je respons que l'intencion de l'aucteur n'est point simplement et de soy mesmes mal fondée ni mauvaise. Car peut bien estre que le dict aucteur ne gettoit pas seulement son penser et fantaisie sus le sens litteral, ains plus tost attiroit son esprit au sens allegorique et moral, comme l'un disant et entendant l'autre. (2)

On saisit la double finesse : la méthode scripturaire est transposée pour expliquer une œuvre parmi les profanes ; mais surtout la « pensée » de l'auteur n'est pas à chercher dans l'évidence grammaticale ou narrative de son récit peu clérical, mais dans une intention placée au niveau du sens allégorique : là est son secret, son dessein de sujet propriétaire, qu'il faut respecter à défaut de le comprendre.

---

(1) C'était le cas par exemple d'Albert le Grand, dont ce fut l'un des principes constants : « Intentio dicentis expressa in littera est litteralis sensus » ; Thomas d'Aquin est lui aussi toujours soucieux de retrouver cette « intentio », cette « mens » de l'auteur, qui est celle de Dieu même. Au XIVe siècle, Nicolas de Lyre hérite de cette hantise (voir C. Spicq, *Esquisse d'une histoire de l'exégèse latine* Vrin, 1944.

(2) *Œuvres complètes*, éd. P. Jannet, t. IV, p. 184. Il faudrait pouvoir commenter toute cette préface, dont l'ironie rappelle le fameux prologue du *Gargantua*, où la dérision de l'exégèse médiévale semble emprunter à Marot jusqu'à ses plus célèbres expressions.

Dans l'autre préface aux œuvres de Villon, la bataille est menée à l'inverse au nom du respect de la littéralité : c'est là que maintenant « l'autheur » fait entendre sa voix, et malheur à qui la trahit. Puisqu'il est poète à l'égal de ces « Frères qu'il a, tous Enfans d'Apollon » (1), Marot s'arroge le droit de « rhabiller » le texte mis en lambeaux par des imprimeurs irrespectueux de la lettre, puis il s'écrie fièrement :

> « Voylà comment il me semble que l'autheur l'entendoit, ayant prins peine de refaire des vers entiers au plus près (selon mon possible) de l'intencion de l'autheur ». (2)

Il faudrait encore s'étendre sur l'épître vengeresse de 1538 qu'il a placée en tête de la seconde édition de son *Adolescence clementine* : il s'en prend violemment aux imprimeurs :

> Le tort que vous m'avez fait, vous autres, qui par cidevant avez imprimé mes Œuvres, est si grand et si outrageux, qu'il a touché mon honneur et mis en danger ma personne. Car, par avare convoitise de vendre plus cher et plus tost ce qui se vendoit assez, avez ajouté à icelles miennes œuvres plusieurs autres, qui ne me sont rien. (3)

Et la diatribe continue. « Mes Œuvres », « mon honneur », « ma personne » ! Quel « acteur » ancien, quel « autheur » nouveau avait jamais ainsi revendiqué les droits du poète : droit de propriété, droit de définition, droit d'intégrité.

En réalité, Marot a passé son temps d'écriture à se mettre lui-même en scène, à s'autographier en quelque sorte – nouveauté inouïe en ce temps, et prometteuse de longs lendemains (4) – pour réclamer la liberté fondamentale de l'« au-

(1) C'est ainsi qu'il s'adresse aux lecteurs-poètes en tête de son *Adolescence clementine*.

(2) Ed. Jannet, p. 192.

(3) Ed. Mayer.

(4) Marot est le premier poète qui ait osé faire de sa propre vie le sujet de ses vers, renonçant à la convention de « l'acteur ». Sans doute l'exemple de Villon y fut

theur » à écrire ce que son « devoir » lui commande. « Du temps de son exil à Ferrare », il envoie au roi une longue épître en vers, où il dénonce les faux griefs de « l'ignorante Sorbonne » qui lui ont valu cette peine : on a chez lui fait des « massacres

> Au cabinet des sainctes Muses sacres »,

c'est-à-dire qu'on lui a pris ses livres interdits à la lecture. Alors le poète proteste au nom de son droit à la liberté :

> A ung poëte, à qui on doibt lascher
> La bride longue, & rien ne luy cacher,
> Soit d'art magicq, nygromance ou caballe ;
> Et n'est doctrine escripte ne verballe
> Qu'ung vray Poëte au chef ne deust avoir
> Pour faire bien d'escrire son debvoir. (1)

Revendication surprenante ! Parce qu'il est investi d'un mystérieux « devoir d'écrire », le poète se place à part de la communauté des hommes sur qui pèse la censure. Au-dessus ou en marge ? Privilège ou malédiction ? Les deux sans doute. A partir de Marot, bientôt suivi par ses « Frères, tous enfans d'Apollon » et par Rabelais en premier lieu, le sujet-autheur va réclamer les droits que lui valent sa soumission à ce nouveau devoir.

---

pour quelque chose, mais il est intéressant de noter que dans la préface aux œuvres de celui-ci, il prend ses distances avec la manière dont Villon avait rapporté des détails si minimes de son existence que ses vers en devenaient obscurs : « Pour ceste cause, qui vouldra faire une œuvre de longue durée, ne preigne son subgect sur telles choses basses et particulières » (éd. Jannet, p. 192). Marot-poète tirera du particulier de sa biographie les traits généraux qui font l'« autheur », ne montrant que ce qu'il veut bien, se déguisant, étudiant ses postures, choisissant les meilleures. Il est tout entier dans ce jeu subtil qui fait de l'autheur une marionnette publique.

(1) Ed. Mayer, t. I, p. 191.

Mais d'où vient-il donc, ce devoir ? Nous ne sommes plus au temps des « acteurs » payés, qui n'en avaient d'autre, on s'en souvient, que d'« obtempérer ». Si la royauté suscite les « autheurs », elle entend bien ne récompenser que ceux qui ont déjà fait leurs preuves : le devoir surgit en premier lieu de la conscience de l'écrivain ; aux Grands d'en prendre acte. Pourquoi Marot réclame-t-il l'accès de plein droit à toute la bibliothèque sans exclusives, sinon parce que c'est là, plutôt qu'à « Cahors en Quercy », comme il dit dans son *Enfer*, qu'il a pris sa naissance, dans ce labyrinthe écarté de la communauté où sévissent les interdits ? La Cour, sa « maistresse d'Ecole », fut le lieu de sa reconnaissance comme « autheur-Poëte ». Le sujet de la littérature exige de se plier à cette impératif catégorique, originaire, sans justification, qui sépare certains humains des autres et les oblige à sauver une Ariane à laquelle aucun fil d'orthodoxie ne conduit.

C'est peut-être ce que la lettre *H* d'« autheur » soulignait à sa façon, de son trait quasiment inaudible. Elle garantissait certes l'authenticité de l'autheur, conformément à l'étymologie grecque à laquelle on semblait définitivement se ranger, surtout que l'« aucteur » faisait figure du passé (1). Mais encore cet *H* marquait une « aspiration » secrète, qui, bien qu'amuie, rappelait à la langue écrite le souffle de l'oralité qui vient des profondeurs ; il manifestait la présence vivante de l'autheur qui parle dans son texte et refuse de s'y abolir comme personne. Il était la lettre de la viscéralité, comme le disait nettement Geoffroy Tory, l'étonnant imprimeur-autheur du *Champfleury* (1529), en réactualisant la leçon des anciens grammairiens :

> Les grammairiens, & mesmement selon Priscien en son Premier livre où il traicte *De litterarum potestate*, disent

(1) Cf. plus haut, p. 31 note 2.

> qu'elle n'est pas lettre, mais la note & enseigne pour montrer quand quelque vocale, ou l'une de ces quatre consonnes, C, P, R, T, doibt estre grasse et à plaine voix venant du profond de l'estomac. (1)

Lettre-non-lettre, *H* trace dans certains mots le « profond de l'estomac » ; dans l'autheur, elle enfonce un creux qui renvoie en deçà de lui à une assise plus profonde, celle du « sujet » d'où sourd, on le verra bientôt, le vin de l'inspiration, le souffle qui sort du ventre. Confiant dans ce don étrange qui le différencie des autres, mais le sacralise à ses propres yeux, l'autheur ne supporte plus l'ère du soupçon, et s'il fait irruption en personne sur son propre théâtre, c'est pour que s'affirme « à plaine voix » la force secrète en lui qui le sustente et le définit en vérité. Désormais il n'aura d'autre visée que de faire entendre dans le silence de l'écriture cette voix singulière qui fait sa différence et dans laquelle seule il accepte de se reconnaître (2).

Ce qui autorise donc cette voix à parler ainsi d'autorité, c'est dans l'autheur l'authenticité du sujet que cette voix supporte et suscite à lui-même. Du sujet à l'auteur, par le canal de la voix, le passage sera celui d'une force interne à sa forme externe dans le porte-à-faux de la distance. Il est temps de rebrousser s'il se peut notre vue vers ce lieu de l'origine, dont l'auteur fut le travestissement obligé.

---

(1) Ed. de 1549, p. 89 r°.

(2) Ce que j'ai appelé « la littérature-ventriloque » (in *Poétique*, 1987, n° 72), est la marque de l'oralité perdue dans l'écriture, par quoi le sujet-auteur s'affirme dans son texte, cédant au leurre de la possession de soi et refusant le geste d'abolition de soi auquel, après quatre siècles de « littérature », Mallarmé consentira enfin après la « crise » qu'on sait. Si l'imprimerie a divulgué les « œuvres » de l'auteur, elle a fait taire la voix du sujet, imperceptible autrement que par un leurre, qui fera les beaux jours de la « littérature » à venir. « Pendant des siècles, la voix humaine a été la base de la littérature. Cette voix explique la littérature antique, la classique... Un jour vint où l'on sut lire des yeux sans épeler, sans entendre et la littérature en fut profondément altérée. » « La poésie – c'est la voix... la voix qui est créatrice apparente et en réalité libératrice d'énergie. » P. Valéry, *Cahiers*, ed. C.N.R.S. t.6 p.42 et 449.

CHAPITRE II

LE SUJET EXILÉ

NAISSANCE DU SUJET

Si Marot le premier, je l'ai dit, a fait de sa vie le sujet de nombreux vers, c'est que le sujet en lui tentait de se donner visages et postures d'autheur. A « l'origine », il y a donc le sentiment d'une perte de soi et le désir de se retrouver. Le coin à l'écart où les anciens « acteurs » se résignaient d'habiter en était la première figuration, et le sujet est né de cette déréliction.

De cette naissance, le récit nous a été relaté par Rabelais, tout bonnement, au Prologue de son *Tiers Livre* (1546), et c'est lui qui servira d'assise à mon propos. Pour la première fois, avec une redondance soulignée dans le texte, il osait signer de son nom et de sa profession. Il était normal que le « Prologue de l'Autheur » s'attachât à éclairer cette épiphanie d'un nom propre qui renvoyait à une personne bien réelle (1). Ce récit est tellement connu qu'il en a perdu toute autre signification que ludique ou référentielle (2). Pourtant, tout y est dit sans autres ambages que ceux de la « joyeu-

(1) Le *Tiers Livre* était accompagné d'un Privilège accordé pour la première fois à l'auteur et non aux imprimeurs : signe important, qui encourage à lire ce Prologue comme j'essaie de le faire ici.

(2) On y a vu une allusion aux fortifications en France contre Charles Quint, ou bien l'allégorie des luttes religieuses du temps.

seté », vrai climat, on le verra, sous lequel le sujet-autheur vient au monde. Pas de « substantifique moelle » dans ce récit, à supposer qu'il y en ait une dans cette œuvre toute franche : un mythe nous est donné à lire, une fable ouverte au sens, à tous les sens, pourvu qu'on la prenne au pied de la lettre et qu'on se laisse aller jusqu'aux bords de sa plus grande extension.

Rappelons toutefois l'essentiel (1) : après une adresse aux « beuveurs », nous est narré l'étrange cas survenu à Diogène le Cynique. Les « magistrats » de Corinthe, alors assiégée par Philippe de Macédoine, ne l'« employent à aulcune chose faire », alors que tout le peuple autour se démène aux fortifications. Ne voulant pas « estre veu seul cessateur et ocieux », il décide de quitter la ville, avec pour seul bagage son « tonneau fictil », et il gagne la colline d'en face, où il se met à le remuer, imitant comiquement l'agitation des siens. Rabelais « pareillement », voyant qu'on ne fait de lui « aucun prix digne d'œuvre », alors que tout le monde s'affaire à remparer sa ville également menacée, est pris d'une « honte plus que mediocre » d'être « veu spectateur ocieux » ; il prend alors son « tonneau diogenicq », seul bien qui lui reste d'un naufrage subi au « far de Mal'Encontre », puis, au milieu de ses concitoyens, le meut d'un « triballement » qu'il ne s'explique pas lui-même. Et voici que soudain, pour avoir « humé quelque traict » d'une bouteille qui par hasard se trouvait là, une parole « inexpuisible » lui vient dans l'« enthousiasme » ; le tonneau, vide jusque-là, se remplit dans le rire de l'ivresse. A quoi faire servir tant de joie ? Aux guerriers, elle donnera le repos et l'oubli.

L'anecdote de Diogène, empruntée à Lucien, était bien connue au XVIe siècle : Erasme, dans son adage 326, y voyait l'occasion de dénoncer tous les singes d'autrui ; Budé, dans la Lettre qui ouvrait ses *Pandectes*, s'en servait pour dire la

(1) On trouvera en appendice la reproduction de ce Prologue. C'est à elle que je renverrai avec l'indication des lignes.

nécessité d'écrire à l'imitation des autres savants. Avec Rabelais, la signification dépasse infiniment la morale ou le savoir-vivre : une genèse nous est contée, celle d'un sujet de et dans son écriture, celle aussi, concomitante de la « littérature » en personne. Nous en suivrons les actes successifs.

L'EXCLUSION

Tout commence donc par l'obscure fatalité qui marque celui qu'aucun signe (mais c'est justement l'absence de signe qui fait signe, ou plutôt qui dé-signe) ne prédisposait à ce qui sera le redépart de la « poésie » : « puis donques que telle est ma sort ou ma destinée » (l. 171). Partout l'on s'affaire à la guerre dans une excitation paroxystique : lui seul est exclu de cette œuvre de salut communautaire ; il est à part. Non de son fait, par paresse, peur ou idéal pacifiste. Au contraire, il aurait bien voulu, fourmi parmi les fourmis, prendre sa part de l'effort communautaire, qui sera « à profit tant evident pour l'advenir » et grâce auquel « seront Françoys en repous asceurez » (l. 120) : cette fièvre est le prix du bonheur. Mais voilà, les « magistrats » dans le cas de Diogène, ses concitoyens (« les nostres ») dans celui de Rabelais, en ont décidé autrement : ils leur imposent une sorte de quarantaine, leur refusant le certificat de conformité auquel ils aspirent : ils déclarent Rabelais « trop imbecille et impotent », un bon à rien, inapte au service. Figures du « Père idéal », ces magistrats, non contents de fixer la loi qui uniformise et structure, dictent à chacun sa place anonyme dans la foule anonyme, là où le sujet ordinaire se trouve en se perdant, parce qu'il s'identifie à un modèle qui fait reconnaître en lui la conformité du conformisme. La distinction dont notre sujet est frappé comme d'infamie lui interdit ce bonheur simple de la coexistence, bonheur dont la plénitude fait justement dire qu'il est « sans nom ». La découverte de soi se fait par la différence qui oblige à prendre un vrai nom, celui de la marque distinctive : non plus Alcofribas, mais Rabelais, l'homme « atteint de la rage » *(rabe laesus)*, comme diront de lui certains de ses adversaires.

Voilà donc notre héros retranché par force d'un monde qui lui-même se retranche. Diogène, pas plus que Rabelais, ne se révolte, ni ne trahit. Tous deux s'exilent : le second au cœur de sa propre ville ; l'autre sur « le Cranie », colline d'en face, au plus près et en regard d'elle. Plus loin le texte cite le proverbe qui veut qu'« à chacun n'est octroyé entrer et habiter Corinthe » (l. 172) : Corinthe, port du bonheur, terre promise après avoir été perdue, paradis dont un Adam solitaire vient d'être chassé ; Corinthe, ville du travail au carrefour ancien de l'Occident et de l'Asie, ville de toutes les richesses, de tous les luxes, des courtisanes inaccessibles, des Laïs de rêve ; ville où les guerres ne sont qu'amoureuses pour qui en a les moyens, ville de tous les fantasmes pour ceux qui en sont exclus ou exilés (1) : l'exilé, c'est-à-dire, en latin, le « maigre », celui qui, vidé de sa substance, rêve de se la réapproprier.

La posture de l'errant, de l'exilé, reprise à Homère, à Ovide (l'exil, on le verra, contraint à se trouver des modèles) traverse la littérature nouvelle avec une constance remarquable. Il n'est guère d'œuvre un peu marquante qui ne fasse alors une place à cette figure : Marot, Du Bellay, bien sûr, mais encore Marguerite de Navarre, dont *l'Heptaméron* montre des « devisants » coupés du monde dans des montagnes, où un redoutable orage les a retranchés : ils passeront le temps de cet exil en se racontant des histoires « vraies » qui mettront en scène ce monde qui s'est espacé d'eux ; dans

(1) L'adage 301 d'Erasme développe le sens de ce proverbe pris aux Anciens ; il insiste sur les images de plaisir liées à Corinthe, ville sise sur l'isthme qui séparait deux mondes. Mais il exclut toute interprétation vénusienne : « l'adage a un double sens : il signifie tantôt qu'une entreprise est trop grande pour les forces de celui qui s'y attaque [...] tantôt qu'une affaire est trop peu sûre et que son issue est hasardeuse ». Corinthe est double comme son sens. Rabelais en propose un troisième, qui fait de cette ville la dépositaire des rêves d'enfance.

le *Quart Livre*, Rabelais embarquera les amis de Pantagruel pour un périple marin qui doit les mener à la Vérité dont le défaut a suscité leur départ. Montaigne s'exile dans sa tour-« librairie », pris d'une « humeur melancholique [...] produite par le chagrin de la solitude » où il s'était « jeté » (II-8) (1). La « littérature » est née de ce vide que l'exil a créé entre le sujet et son paradis perdu ; elle devra non pas faire oublier la peine présente, mais combler l'espace et, par un repli sur ce qui a fait défaut, en redonner s'il se peut l'accès. C'était déjà, on s'en souvient, la mission dont Amour chargeait Dante le poète « moyenneur ».

Pour expliquer ce constat, on peut certes rappeler que l'époque était aux voyages, aux explorations dont on rapportait de nombreux récits ; ou encore que nombre d'écrivains ont réellement connu l'exil, tels Marot, Rabelais, Dolet, Du Bellay et bien d'autres : les temps, c'est un fait, n'étaient pas sûrs. Les précédents non plus, à vrai dire, et l'errance ne date pas du XVIe siècle. Pourquoi est-elle alors devenue un thème si constant qu'il s'est renversé sur l'écriture au point d'en devenir (mon propos est de le montrer) la figure explicative, génératrice ? L'exil va passer dans l'écriture (thème, « passe-temps » comme on aime alors dire) ; bien plus, l'écriture sera l'exil même : sur la page, son mouvement fixera la trace de ce retrait, se faisant à son tour distance, écart ; et ce retrait retracera la voie qui reconduit à la patrie édénique. Retrait et retour : les deux à la fois, où ce qui compte est le préfixe (re-) qui marque l'ambiguïté d'une distance originaire (2).

(1) Autre exilé de marque, d'Aubigné, au moment où il réécrit et publie ses *Tragiques*, à Maillezais et à Genève : « Va Livre, tu n'es que trop beau/ Pour estre né dans le tombeau/ Duquel mon exil te delivre » (Préface, *L'autheur à son livre*, éd. Garnier-Plattard, tome I, p. 17).

(2) « Le retour à l'origine est senti désormais comme un mythe, celui du bannissement du paradis terrestre » (F. Rigolot, « Cratylisme et pantagruélisme » in *Etudes rabelaisiennes*, XIII, Droz, 1976.

Car le scandale est là : l'exil est l'état naturel (l'antinature comme état de nature). A quelle cause imputer ce mal-être ? Le sujet est-il responsable de sa perte ? A-t-il commis quelque faute originaire ? N'est-ce pas plutôt l'origine elle-même qui se serait dérobée ? Par quelque malignité secrète ?

Marot déjà mettait sur le compte de la volonté divine ce qu'il appelait son « départir », au « temps de son exil à Ferrare » :

> Le departir que Dieu me conseilla
> (ep. XLIV v. 24)
>
> L'esprit de Dieu me conseille et enhorte
> Que hors d'icy plustost que tard je sorte
> (ep. XLII v. 9-10). (1)

Mais ce Dieu-là était de bon « conseil » : il évitait au poète un plus grand malheur. Avec le Du Bellay des *Regrets*, il n'en va plus de même , une mauvaise « Fortune » l'a écarté de la cour de France, d'où lui venait en compagnie de Ronsard son inspiration, et cet exil se double de cet autre en lui, celui des dieux qui le vident de sa force poétique :

> Cette divine ardeur, je ne l'ay plus aussi
> Et les Muses de moy comme estranges s'enfuyent
> (sonnet 6).

Le poète est exilé parce que les Muses d'abord se sont exilées de lui. Le nouvel art poétique que formulent les premiers sonnets des *Regrets* tire la leçon de l'étrangement de soi à soi qui résulte de l'« étrangeté » des Muses enfuies : d'où un art de la pauvreté, où le poète ne chante plus que lui, c'est-à-dire rien. Et si l'on regarde vers la cité, les « magistrats », qui de

(1) Ed. Mayer, p. 232 et 223.

leur jugement sans appel ont ostracisé Diogène, représentent le pouvoir souverain, arbitraire, qui retranche à son gré qui il veut du sol originaire (1).

Qu'ils soient célestes ou terrestres, « les dieux », ainsi qu'on aime dire en ces temps, comme pour marquer l'éclatement de l'ancienne instance sur laquelle tout reposait, sont responsables. Ce pluriel dont on affecte la divinité, en déclare l'exil. Le culte de la « Divinité cachée et inconnue » que saint Paul avait découvert à Athènes, sera pour Montaigne « la plus excusable » des religions (2). Une masse d'ouvrages à partir du XVIe siècle traitent expressément des « origines », des « causes » : c'est un fait nouveau, comme s'il avait alors fallu reprendre ce plus vieux des problèmes, dont on pouvait croire qu'il avait été à jamais résolu. Cette littérature exprime l'inquiétude de pouvoir un jour remonter à ce point inaugural des certitudes, et vient le moment où le regard des enquêteurs ne perçoit que du trouble ou du vide. Comme dans le *Gargantua* qui, reprenant le mouvement du *Pantagruel*, s'ouvre sur la généalogie du héros, « plus entière que nulle autre » : pourtant son début (là où justement il importerait de savoir le premier et fin mot de l'histoire) n'est plus lisible, tant ses « lettres cancelleresques » ont été « usées par vétusté », et l'obscurité de l'énigme des « fanfreluches antidotées », qui se donne à lire pour suppléer à ce vide originel, se double du fait que « les rats et blattes » en ont « brousté le

---

(1) Ronsard s'est tout jeune exilé en poésie, et il en dit les raisons en termes qui semblent l'écho de Rabelais :

> Puis que Dieu ne m'a fait pour supporter les armes
> Et mourir tout sanglant au milieu des alarmes
> En imitant les faits de mes premiers ayeux,
> Si ne veux je pour tant demeurer ocieux
> Ains, comme je pourray je veux laisser memoire
> Que j'allay au Parnasse acquerir de la gloire...

(Discours à P. L'Escot, *Œuvres complètes*, ed. Pléiade II, p. 422). Le Parnasse de Ronsard ressemble fort à la colline où Diogène se réfugie pour ne pas paraître « ocieux ». Mais ici le Dieu de Ronsard, comme celui de Marot est un Dieu bienveillant, du moins en apparence, on le verra.

(2) II-12 p. 513 (éd. P. Villey-V.-L. Saulnier, P.U.F., 1965).

commencement » (chap. I et II). Au départ donc, il y a l'espace du vide, que le mythe ou la fable vont occuper, tout cela dont les poètes font l'assise de leur œuvre pour suppléer ce défaut par le déploiement de la fiction (1).

Certains comme Montaigne éprouvent une sorte d'assurance inversée, lorsque leur regard découvre le vide là où ils attendaient la certitude des « principes premiers ». Dans tel récit des *Essais*, on perçoit ce que dut être pour le sujet la prise de conscience de sa condition d'exilé :

> Autrefois, ayant à faire valoir quelqu'une de nos observations, et receuë avec résolue authorité bien loing autour de nous, et ne voulant point, comme il se faict, l'establir seulement par la force des lois et des exemples, mais questant tousjours jusques à son origine, j'y trouvai le fondement si foible, qu'à peine que je m'en desgoutasse, moy qui avois à la confirmer en autruy (...) Qui voudra se desfaire de ce violent prejudice de la coustume, il trouvera plusieurs choses receuës d'une resolution indubitable, qui n'ont appuy qu'en la barbe chenue et ride de l'usage qui les accompagne. Mais ce masque arraché, rapportant les choses à la verité et à la raison, il sentira son jugement comme tout bouleversé et remis pourtant en bien plus seur estat (I-23 p. 116).

L'exil se creuse d'une double distance : celle du regard d'abord qui place le sujet face aux choses, puis celle des choses entre elles, qui flottent dans le vide de leur origine défaillante. Le miracle tient ici à ce que ce double repli conforte le sujet dans sa propre inconsistance, à la fois « bouleversé », et « remis en bien plus seur estat ».

(1) J'ai abordé ce point dans une contribution au volume *L'institution de l'histoire* I (Cerf/Cerit, 1989), « *La Franciade* : le poète, l'historien, le politique ».

Origine des lois, des sociétés et des princes qui les gouvernent, origine des temps, des langues, des textes, et parmi eux du plus originaire de tous, la Bible, origine des « dieux » : l'exil est partout vécu comme une errance dans l'éther interstticiel où le sujet perçoit un poudroiement d'ensembles éclatés, repliés sur eux-mêmes et que rien ne soutient et ne lie. La grande tentation de ces temps d'avant l'effet-Copernic, temps qu'on dit n'avoir pas été « philosophiques », fut de céder à la vision décrite par Lucrèce dans son *De rerum natura*, de tous les livres alors redécouverts à coup sûr le plus séduisant, le plus subversif : les agrégats d'atomes flottant dans le vide, qu'aucune Providence n'avait constitués, ne devaient leur cohésion qu'à la nécessité de rencontres dues au hasard ; ils étaient sans cesse menacés de se déliter sous l'effet de chocs guerriers : tableau exemplaire de ce qu'on se met désormais à nommer « l'expérience ».

La cité que Rabelais-Diogène quitte, rendu à la liberté de l'errance, est l'une de ces monades closes sur elles-mêmes, condamnées à la guerre et qui ne survivent que par la *virtù* de leurs « magistrats ». Machiavel en avait tracé le portrait idéal, et l'on sait combien sa représentation de la vie sociale, telle qu'il l'expose dans ses *Discorsi* notamment, est proche du modèle lucrétien : le seul devoir du prince est de maintenir par quelque moyen que ce soit, dont l'exil des factieux est le moins redoutable, la cohérence toujours menacée de son Etat ; la seule valeur est la durée, là où les forces centrifuges seront gagnantes à long terme (1). Lorsque Montaigne imagine la formation des groupes sociaux, c'est Machiavel qui dans l'ombre de Lucrèce lui souffle leur origine :

(1) Au XVIe siècle, les trois termes « lucrétiste », « athéiste », « machiavéliste » forment une triade d'injures synonymes, qui pouvaient valoir le bûcher à leur victime.

> La société des hommes se tient et se coust, à quelque pris que ce soit ; en quelque assiete qu'on les couche, ils s'appilent et se rengent en se remuant et s'entassant, comme des corps mal unis qu'on empoche sans ordre trouvent d'eux mesmes la façon de se joindre et s'emplacer les uns parmy les autres souvant mieux que l'art ne les eust sçeu disposer (III-9 p. 956).

Cet ordre du désordre, où ces « corps mal unis » font leur seule vertu de la nécessité de vivre ensemble, c'est celui qu'on trouve chez d'autres analystes du temps, tel Jean Bodin, alors même qu'ils essaient d'en tirer des modèles exemplaires de vie communautaire, celui de la monarchie absolue, par exemple.

« L'expérience », c'est l'éclatement : les *Essais* passent en revue ces morceaux dans le morcellement même des chapitres que le vide généralement espace entre eux. Les *Sommes* scolastiques s'écroulent, laissant en lambeaux de texte leur appareil de citations qui reprennent leur chute d'atomes textuels (1). La « littérature » n'est elle-même qu'un agrégat de formes tant bien que mal aboutées. Ainsi doit se comprendre la vogue surprenante du sonnet, alors que le « long poème » était l'idéal qu'imposait l'idéal antique (2) : petit Machiavel de la langue, le poète usait de lois strictes pour assembler en quatorze vers des atomes flottants de poésie, qu'il « appilait » à d'autres « petits corps » semblables, à l'image des sociétés humaines, et le hasard suffisait à assembler un recueil d'*Amours* morcelées (3).

Par un effet de miroir ou de mise en abîme, l'image de la

---

(1) Ce n'est pas un hasard si le XVIe siècle est celui qui voit vraiment naître les dictionnaires et se généraliser l'ordre alphabétique : ce sont les palliatifs provisoires de l'éparpillement, des façons de s'y retrouver.

(2) L'« échec » de la *Franciade*, abandonnée par Ronsard sous de faux prétextes, confirme *a contrario* l'attirance pour ces monades poétiques.

(3) Avec une exception notable, les *Regrets* : j'y viens incessamment. Mais l'amour n'en est pas le sujet.

femme que détaillent sans fin ces agrégats est toujours celle aussi de son « corps morcelé », amalgame d'éblouissants détails dont l'unité échappe. Marot avait lancé le thème avec la fameuse joute des « blasons du corps féminin », même si le sonnet n'en était pas la forme obligée ; Scève dispersait dans ses dizains les beautés de sa femme-Idée, tandis que lui-même se dissolvait dans sa quête de l'unité perdue. Une véritable « rage de l'expression » saisit pareillement Ronsard et ses amis pour capturer avec leurs mots jamais assez riches, assez « savants », la femme, poussière de fragments radieux, paradis perdu, dont ils rassemblent vainement les éclats diffractés dans leur éther poétique :

Ces liens d'or, ceste bouche vermeille,
Pleine de lis, de roses et d'oeuilletz,
Et ces couraulx chastement vermeilletz
Et ceste joue à l'Aurore pareille ;

Ces mains, ce col, ce front et ceste oreille
Et de ce sein les boutons verdeletz,
Et de ces yeulx les astres jumeletz,
Qui font trembler les ames de merveille...

(*Amours de Cassandre*, sonnet 6)

Le poète s'exaspère à recomposer la totalité fuyante de ces éléments qu'un vide espace et que la dissolution menace. La référence lucrétienne devient inévitable (1) :

Les petits corps, culbutans de travers
Parmy leur cheute en byais vagabonde

---

(1) Ces recueils reposent sur une contradiction : le constat de l'éclatement se heurte à la ferveur platonicienne qui présuppose l'unicité de la femme, telle qu'on la trouvait chez Dante ou Pétrarque. C'est la notable différence entre nos poètes et leurs prestigieux modèles. La « liaison » fait inlassablement défaut.

> Hurtez ensemble ont composé le monde,
> S'entracrochans d'acrochementz divers...
> (*Ibid.* sonnet 37)

Ce constat de l'universelle *diaspora* des formes se retrouve encore dans la pratique des langues, dont le « babélisme », souvent déploré, est pourtant le moindre défaut, pour qui veut, comme Erasme, restituer les textes évangéliques dans leur pureté primitive : sa passion pour élucider les détails textuels les plus infimes, dans l'espoir de donner à voir enfin la vérité sans phrases ni commentaires, le conduisait au contraire à disperser ces textes dans un brouillard de notations impalpables, qui occultaient cela même qu'il voulait éclairer (1). Dans un autre registre la critique des savoirs antérieurs, le retour des textes antiques ou étrangers se sont conjugués pour produire une joyeuse effervescence, mais aussi un effet dissolvant : la textualité formait un ensemble si multiple, qu'elle s'éparpillait en une pluie de citations nouvelles, de fables, de sentences dont l'unité échappait. Comment les regrouper autrement que par leur thème, dans des recueils de « lieux » ou de « leçons », dont le succès fut constant ; mais là encore le hasard présidait à l'assemblage. Les *Essais* furent le premier livre où un auteur tentait, sinon de retrouver la logique perdue, du moins d'inventer pour son propre usage, en tâtonnant, des liens entre ces fragments, et d'en faire si possible autre chose qu'une « marquetterie mal jointe ».

---

(1) C'est ce que j'ai essayé de montrer en analysant les préfaces au *Novum Instrumentum* de 1516 (éditions Labor et Fides, Genève, 1990) : Erasme voudrait rendre transparent le texte des Evangiles au point que le « Christ en personne », qui l'habite toujours, y fasse pour chaque lecteur sa parousie. Mais plus le texte est scruté, plus il résiste dans un poudroiement verbal qui obscurcit la « présence » attendue.

L'AVENTURE OU L'INVENTION DU TEMPS (1)

Faisons le point : projeté dans l'espace qui sépare les mondes éclatés (2), notre sujet n'a pas de lieu où s'arrêter : l'exil est bien son royaume qu'il ne peut ni habiter ni quitter. L'errance est sa demeure intenable, car il faut bien quelque part un sens, du sens où aller, où comprendre. Une double polarité oriente tour à tour ou simultanément la quête de l'origine : soit l'en-deçà de la terre natale, soit l'au-delà d'un ailleurs idéal à venir, utopie à rêver : ici et là, l'origine n'est plus un simple repère chronologique, mais la source explicative de la germination première ou le terme de la réconciliation finale.

De là est née « l'aventure », où ce qui « advient » par l'effet d'une Fortune discontinue, « inconstante », prend la forme d'un récit finalisé. C'est ce qui arrive par exemple au Du Bellay des *Regrets*. Le sonnet liminaire annonçait au lecteur une écriture de l'errance au jour le jour (« papiers journaux »), qui relaterait les événements comme ils viennent (« commentaires ») :

> Mais suivant de ce lieu les accidents divers
> Soit de bien, soit de mal j'escris à l'adventure.

Or un miracle se produit, auquel, bien sûr, nul lecteur n'est tenu de se laisser prendre : cette prose « à l'adventure » devient la poésie de l'aventure, le hasard s'est mué en nécessité. Ce recueil de sonnets est en effet le premier (le seul) à

---

(1) La Renaissance est liée (c'est un lieu commun de le dire) à la découverte de nouveaux espaces, ceux-là même où le sujet s'exile. Mais la vraie découverte, silencieuse et d'autant plus efficace, nullement spectaculaire, même si elle devait réorganiser le monde en spectacle, fut celle du temps moderne, comme je l'indique ici.

(2) La révélation copernicienne aura été préparée, pressentie par cette expérience poétique du sujet exilé. Je rappelle que « l'hypothèse » de la pluralité des mondes était aussi celle de Lucrèce suivant Epicure.

composer un cycle de moments organisés (1), comme s'il avait suffi au poète de se laisser aller au fil de sa plainte et de ses rencontres, pour être pris dans le réseau d'une volonté supérieure qui a conduit les hasards vers une fin (2).

Qu'elle soit retour au passé ou exploration du futur, l'aventure, au sens neuf du terme, signale l'invention décisive que fut alors celle du Temps, tel que nous pensons encore le connaître : ce fut par là que l'exilé crut pouvoir trouver une issue. L'âge antérieur avait été celui des « chroniques » : les événements s'y succédaient cernés de vides, mais qui n'effrayaient pas : la mémoire les gardait parce qu'ils offraient une typologie d'exemples répétitifs à suivre ou à fuir. Le temps n'inventait pas, il se redisait : depuis la venue du Christ, l'histoire était comme suspendue dans l'attente du jugement qui en serait l'acte ultime. Désormais tout change : même quand il prend la forme de « l'éternel retour » comme chez Machiavel ou Jean Bodin, le temps ne se reproduit qu'en produisant des « nouvelletés », que d'aucuns, tel Montaigne, condamnent mais ne peuvent nier. Déjà la remontée vers l'origine supposait qu'on ait mis un ordre, un enchaînement dans la succession des périodes : le rejet des temps « gothiques », identifiés à la barbarie, était un premier essai d'intelligence du temps de l'histoire. Il apparaît que celui-ci est de nature à expliquer peut-être les formes de la réalité, parce qu'il est « progrès » ou « profit » (3), et que le fil d'une

---

(1) On sait qu'au même moment, Olivier de Magny, autre poète exilé à Rome, composait un recueil de *Souspirs* sur des thèmes voisins de ceux de son ami : ce fut entre eux l'occasion d'une joute amicale, qui donne aux vers de Du Bellay leur juste valeur de jeu. Il faut noter cependant que les sonnets de Magny ne forment en rien une composition ordonnée.

(2) Cette volonté a l'ironie amère, car au terme du cycle elle reconduit le poète à son lieu de départ, dont il perçoit alors que c'était déjà un lieu d'exil : l'aventure est en fait un leurre. Comme dans les bois, on y tourne en rond quand on croit en sortir.

(3) Ces termes reviennent à l'envi dans les textes du XVIe siècle, et s'il faut bien sûr se garder de leur prêter un sens trop moderne, ils en ont déjà la couleur. L'ère de l'économie marchande invente ses termes.

continuité permet de combler les espacements, de relier les morceaux de l'expérience pour en faire un « récit » (1).

La réflexion des historiens les plus notables d'alors repose sur l'hypothèse d'une rationalité qui, inscrite dans les choses, en guidera l'intelligence pour qui la saisit. C'est ainsi qu'un Bodin propose dans sa *Méthode de l'Histoire* (1566) une grille explicative, dans laquelle faits et formes de l'univers humain prennent sens et place. Temps de l'histoire, mais aussi corrélativement, temps du roman : j'entends le roman moderne, tel qu'il se constitue alors lentement à partir du roman de chevalerie, et contre lui. Les récits de l'histoire et du roman auront des sorts parallèles, faits de complicité et de rivalité mêlées (2). La nouveauté du roman tient au fait que, sans se lier au vrai, il en mime la logique temporelle sous la forme fictive du « romanesque ». Il décrit pour en donner le spectacle (3) « vraisemblable » (c'est-à-dire lié par la seule cohérence interne), les hasards de « l'aventure » ; et la surprise « advient », délicieuse : les hasards, comme tout à l'heure dans les *Regrets*, paraissent avoir été conduits d'en haut vers une fin généralement heureuse, qui met fin à l'exil du lecteur identifié à l'autheur.

Il suffirait donc de suivre et d'organiser les traces léguées par le temps : celui-ci n'est peut-être que la supplémentarité laissée par le retrait de l'origine, et susceptible d'en redonner l'accès. L'hypothèse a permis une nouvelle économie du

---

(1) « Récit : narration d'une adventure, d'une action qui s'est passée » : tel est le premier sens que Furetière donnera à ce terme. Comme le récitatif dans l'opéra, le récit est ce qui assure la liaison des événements, en bourre les interstices.

(2) La frontière entre les deux genres a toujours été indécise : nombre de romans au XVIIe siècle portent le sous-titre d'« histoire véritable », façon de dire qu'ils sont pure fiction, et l'histoire à l'inverse emprunte au roman sa liberté de disposition et d'invention.

(3) Le roman moderne est d'abord fait pour donner à voir, à la différence du roman de chevalerie ; c'est ce qui fait peut-être de la traduction très libre de l'*Amadis de Gaule*, donnée par Herberay des Essars en 1540 le premier vrai roman : « roman-spectacle », qui mêle la « peinture vraie » au « vraisemblable », comme le dit Luce Guillerm, dans l'étude qu'elle a consacrée à cette traduction (*Sujet de l'écriture et traduction*, Atelier de reproduction des thèses, Lille III, 1988).

« passe-temps », dont l'obsession traverse alors la littérature. Les devisants de *L'Heptaméron*, coupés du monde par l'orage, doivent inventer « quelque passe-temps pour adoulcir l'ennuy », faute de quoi ils seraient « en dangier de demeurer malades » : le temps est devenu un paramètre de leur sensibilité quotidienne, ils ne supportent plus son écoulement vide, et pour le combler ils s'accordent à se narrer des histoires ; mais par un tour qui redouble le « passe-temps » sur lui-même, ils en font une réflexion à plusieurs voix sur le temps de la réalité dont ils sont exilés (1). Lorsque Gargantua, sortant des mains de ses « précepteurs sophistes » passe dans celles du moderne Ponocratès, la différence consiste essentiellement dans la mise en place d'un « emploi du temps » bourré à l'excès, sans temps mort, comme on dit : on s'applique même à en doubler chaque instant. Ce que Montaigne essaiera lui aussi de réaliser à sa mode moins tendue :

> J'ay un dictionnaire, tout à part moy : je passe le temps quand il est mauvais et incommode ; quand il est bon, je ne le veux pas passer, je le retaste, je m'y tiens. Il faut courir le mauvais et se rassoir au bon (III-13 p. 1111).

« Retaster » le temps, s'y « rassoir » : le pli de ce retour, de cette reprise, vise à supprimer l'écart de la conscience qui troue le temps, et il charge le plaisir d'authentifier la plénitude du temps qu'il réinvente.

LE VOILE OU LE VOL

Certes, l'ère des grandes eschatologies de l'histoire n'est pas encore venue ; elle s'annonce seulement. On ne fait en-

---

(1) C'est la différence essentielle entre Marguerite et Boccace, son modèle : le *Décaméron* est un livre d'évasion hors d'une terrible réalité (la peste noire qui ravagea Florence en 1348) : il faut oublier le temps. *L'Heptaméron* à l'inverse est, le temps d'un suspens, retour et réflexion sur le temps du monde.

core que s'interroger sur les causes qui ont projeté l'exilé dans le temps, et l'on en avance communément deux qui s'excluent : peut-être faut-il voir là l'hésitation majeure de l'époque, son oscillation même.

La première est liée à la découverte du temps : peut-être ne fait-il pas rien à l'affaire ! Supplément de l'origine, ne l'a-t-il pas recouverte d'un voile d'oubli, d'ignorance ou de crasse ? Il suffirait alors de retrancher ces alluvions des siècles pour retrouver l'éclat natif du socle originel, la « Nature ». On connaît l'affirmation de Montaigne :

> Nature est un doux guide, mais non pas plus doux que prudent et juste. Je queste par tout sa piste : nous l'avons confonduë de traces artificielles (III-13 p. 1113).

Le mal serait donc provisoire : il suffirait d'effacer les « traces artificielles » ; ce sont notamment les faux langages, rhétorique, jargons, dont nous entourons les « choses », au lieu de nous contenter du parler simple. A quoi s'ajoute la couche des coutumes, des institutions.

Toiletter la langue, la remettre en l'état où, à défaut de coïncider avec la réalité, elle s'en approcherait au plus près : dès le XVe siècle ce fut la volonté des humanistes. Il fallait remonter le temps, remonter aux « sources » des textes, les redonner à lire purifiés. Le savoir était déjà une « archéologie » dont on attendait qu'elle rétablît « l'ordre » originel « du discours », pour pasticher Michel Foucault. Ce fut par exemple le grand dessein d'Erasme, lorsqu'il édita en 1516 les textes grec et latin du Nouveau Testament : il les offrait à lire côte à côte dans ce qu'il espérait être leur nudité primitive, sans les erreurs accumulées dans le temps par les copistes, sans la masse des commentaires qui en occultaient le sens et la lettre même. L'humanisme a été lié à l'idée que le savoir ne fait qu'un avec l'histoire du savoir. Pour que la vérité surgisse, il aura fallu replier le temps sur lui-même, lui faire rebrousser chemin dans l'espoir d'annuler son effet de voile.

A d'autres moments, cette hypothèse somme toute optimiste cède devant une autre : la nature ne serait-elle pas perdue à tout jamais ? A-t-elle même jamais existé ? Cette tentation du diable hante aussi Montaigne tout à l'heure si confiant :

> Il est croyable qu'il y a des loix naturelles, comme il se voit ès autres creatures ; mais en nous elles sont perdues, ceste belle raison s'ingerant par tout de maistriser et commander ; brouillant et confondant le visage des choses selon sa vanité et inconstance (II-12 p. 580).

On se rappelle comment les « principes premiers » d'un usage le mieux établi avaient une fois échappé à l'insistante inquisition de son regard. Si cette « perte » est imputable à l'ingérance de notre « raison », le mal n'en est que plus profond, car nous sommes alors pris dans le jeu pervers d'une nature attachée à se détruire, puisque la « raison » est en l'homme sa marque distinctive, la meilleure et la pire paradoxalement.

Il se pourrait que cette dérobade résulte de quelque dérobement, dont seraient coupables certains fourbes. C'est le scénario que présente l'étonnant *Cymbalum mundi* (1537) en quatre dialogues sous forme de farce, attribué à Despériers. Deux joyeux escrocs, Byrphanes et Curtalius, dérobent dans un estaminet le « livre d'immortalité », qu'un Jupiter bien naïf avait remis à Mercure, lui-même patron des voleurs, pour le faire relier sur terre, tant il tombait en ruine. La Mémoire et les Destins y étaient consignés, d'où ceux d'En-Haut tiraient leur pouvoir sur ceux d'en-bas. Ce vol est la revanche contre le Ciel, mais il marque le début de l'exploitation des humains par eux-mêmes, car nos deux larrons ne manquent pas d'usurper la puissance supérieure : voici venu le temps des « usuriers rongeurs de povres gens, des bougres, des larrons » (1). Le sujet politique et religieux reçoit son autorité d'une piperie dont il use pour piper les autres sujets, les dépossédant notamment de leur parole : le deuxième dialogue étale la vanité des discours ; les deux derniers mettent en scène de curieux animaux auxquels la parole a été interdite et qui la recouvrent pour dénoncer le malheur où ce vol les a réduits :

> Il a esté un temps que les bestes parloyent ; mais si le parler ne nous eust point osté non plus qu'à vous, vous ne nous trouveriez pas si bestes que vous faictes [...] Par cela seul que nous ne pouvons rien dire, vous sçavez bien usurper toute la puissance sur nous. (2)

Des luttes de classes s'esquissent fondées sur « l'accumulation primitive » de la parole, dont nous savons depuis Rousseau, Proudhon ou Marx qu'elle n'a pu résulter que du vol.

A moins que celui-ci n'ait une dimension moins conjoncturelle, plus ontologique, du fait que la mort, inscrite dans l'étoffe du temps, y pipe l'être d'un sujet continûment sans « contrepiperie » possible ? C'est la leçon, me semble-t-il, qu'il faut tirer de la belle fable que Montaigne a relatée à propos de son amitié avec La Boétie. La mort de son *alter ego* lui a dérobé la seule vraie image qu'il avait de lui-même et que l'ami lui renvoyait en miroir, lui donnant le sentiment de sa plénitude. Cette mort a installé en lui une sorte de déhiscence que les *Essais* chercheront à réduire :

---

(1) Je cite d'après l'édition de P.-H. Nurse, Manchester University Press, librairie d'Argences, 1957, rééd. Droz, p. 28 (une nouvelle édition est à paraître en Livre de poche, par mes soins). Il arrive que le vol soit aussi le moyen de renouer avec la vérité, tel ce « larcin de Prométhée », contre-figure de Mercure sous laquelle d'Aubigné feint que son imprimeur ait donné à lire ses *Tragiques* sans son aveu : c'est la fable imaginée par « l'autheur » dans sa préface « Aux lecteurs ».

(2) P. 31. C'est le pauvre cheval Phlegon qui parle ainsi, lui que sa liberté retrouvée condamne à un plus grand esclavage encore. La loi du silence pourrait être le dernier mot de la sagesse, par lassitude ou par crainte du châtiment ; le volé n'a d'autre issue que la résignation.

> Il n'y a personne à qui je vousisse pleinement compromettre de ma personne : luy seul jouissoit de ma vraie image et l'emporta (III-9 p. 983). (1)

Autant que du regret, il entre comme du reproche dans la voix, surtout qu'en retour cette disparition de soi dans la disparition de l'autre fait du survivant un voleur en cavale malgré lui, condamné à l'exil :

> Depuis le jour que je le perdy [...] je ne fay que trainer languissant [...] Nous estions à moitié de tout ; il me semble que je luy desrobe ma part (I-8 p. 193).

Non, la propriété n'est pas le vol, mais un légitime essai pour réparer le vol antérieur qui a dépossédé le sujet de lui-même :

> Je m'eschappe tous les jours et me desrobe à moy
> (II-17 p. 642).
> A chaque minute il me semble que je m'eschappe
> (I-20 p. 88).

Un sujet, propriétaire déchu, ne cesse de faire l'inventaire de l'avoir dérobé qui faisait de lui un être plein. Le temps emporte tout, jusqu'à la langue, dont Montaigne croit savoir qu'elle fuit toute prise et s'écoule tous les jours. On ne possède rien :

> On vous trahit, on vous dissipe, on vous desrobe à vous (III-9 p. 1001).

---

(1) Montaigne a supprimé cet aveu dans le texte qu'il destinait à l'impression juste avant de mourir. Il poursuivait avec ces mots qui en disent long sur son projet d'écriture : « C'est pourquoy je me deschiffre moy-mesmes si curieusement ». Les *Essais* ont partie liée avec l'expérience du « desrobement » de l'être.

« On » : quelle est donc cette puissance anonyme, redoutable, qui, après avoir miné de l'intérieur l'être du sujet, contraint ce dernier à l'exil dans l'espoir de se retrouver ? La réponse semble désormais claire : c'est la nature elle-même, dont le « paradoxe », aux limites de la perversité, va jusqu'à « commander » aux hommes de se replier sur eux-mêmes pour constater le vol dont elle est coupable, alors que le reste de la création vit dans une sorte d'extériorité heureuse :

> C'estoit un commandement paradoxe que nous faisoit anciennement ce Dieu à Delphes : Regardez dans vous, reconnaissez-vous (III-9, p. 1001).

Le repli sur soi est la malédiction originelle qui pèse sur l'homme : la faute héréditaire ne lui est plus imputable, et à vrai dire, on ne la reconnaît même plus.

Pour sa part, Rabelais, dans son Prologue que nous n'avons quitté qu'en apparence, renvoie, par une allusion mystérieuse, à un « naufrage faict par le passé on far de Mal'Encontre » (l. 152), dont il n'aurait sauvé que son « tonneau diogenicq ». Le destin lui joua là un bien vilain tour ! Pour éclairer le fait, on peut certes recourir aux déboires de sa biographie, au demeurant fort mal connue : il eut des démêlés avec l'impitoyable Sorbonne, par exemple ; mais de puissants protecteurs savaient à l'occasion le tirer des mauvaises passes. Et puis ce « passé » indéfini renvoie aussi bien à quelque cause plus originaire, à un désastre antérieur qui a fait de lui l'élu du malheur. Un « far », c'était, comme à Messine notamment, un détroit marin ironiquement éclairé d'une lumière, comme pour précipiter lucidement les marins dans le gouffre dont elle les prévenait (1). Lumière et ombre,

(1) « Far » et « phare » sont au XVIe siècle un même mot, dont on essaie de distinguer les deux sens mêlés par deux orthographes. Voir Huguet, *Dictionnaire de la langue du XVIe siècle*.

salut et perdition, passage et goulet en tenaille : la dualité du « far », passage obligé, était aussi peu décidable que celle de Corinthe. Nous voici sous le signe du double, à l'image de « l'autheur » naissant, à l'image aussi de toute naissance qui par le « far » maternel confond le jour et les ténèbres, le malheur et le bonheur. Nous voici reconduits au désastre qui marque toute origine.

> Nous avons un mot fort commun, par lequel nous faisons un grand honneur aux astres. – Quel mot ? – Désastre, pour dire un inconvenient, un accident, un malheur, une malencontre. (1)

Les malheurs de la biographie ne font que révéler la malédiction première de la « malencontre » astrale. « Solitude qui rayonne, vide du ciel, mort différée : désastre » (2). La « littérature » qui va naître du désastre fera œuvrer le désastre dans l'œuvre. La situation se sera en apparence renversée, quand un siècle plus tard Boileau menacera tout « téméraire auteur » d'être précipité au pied du Parnasse,

> Si son astre en naissant ne l'a formé poète.

Pour l'heure, loin de « former » le « poète », « l'astre » se remarque à sa propre absence. Le dé-sastre dé-signe « l'autheur » comme étant celui qu'un athéisme de fait oblige à écrire. Les augures n'avaient pas vu d'astre au firmament de sa naissance. A vrai dire, il n'y avait même pas d'augure...

Au départ, rien n'est donc que le rien. « Ce rien, mon tout », déclare l'autheur dans son Prologue (l. 141), désignant ainsi son tonneau, son être, son écriture. « Le désastre est séparé, ce qu'il y a de plus séparé » (3) : c'est aussi la

---

(1) Henri Estienne, *Deux Dialogues du nouveau langage françoys italianisé* (1578), cité par le *Dictionnaire* de Huguet.

(2) Maurice Blanchot, *L'Ecriture du désastre*, Gallimard, 1980, p. 219.

(3) *Ibid.* p. 7.

force obscure qui sépare, et radicalement, de toutes les certitudes, de tous les supports qui font les béatitudes communes. Le naufrage de Mal'Encontre était la rencontre du vide, symbolisé par un tonneau lui-même vide. Le sujet-autheur vient du rien, de rien, tant il est vrai que toute naissance est exil.

Montaigne fera une découverte analogue au tout début de sa « retraite », dont il pensait naïvement qu'elle était le premier pas de son rapatriement en lui-même : voici le texte où il relate cette sorte d'illusion d'illumination blanche : il faudra y recourir plus d'une fois :

> Dernierement que je me retiray chez moy, deliberé autant que je pourray, ne me mesler d'autre chose que de passer en repos, et à part, ce peu qui me reste de vie, il me sembloit ne pouvoir faire plus grande faveur à mon esprit, que de le laisser en pleine oysiveté, s'entretenir soy mesmes, et s'arrester et rasseoir en soy : ce que j'esperois qu'il peut meshuy faire plus aisément, devenu avec le temps plus poisant et plus meur. Mais je trouve, *variam semper dant otia mentem* que au rebours, faisant le cheval eschappé, il se donne cent fois plus d'affaire à soy mesmes, qu'il n'en prenoit pour autruy ; et m'enfante tant de chimeres et monstres fantasques les uns sur les autres, sans ordre et sans propos, que pour en contempler à mon aise l'ineptie et l'estrangeté, j'ay commencé de les mettre en rolle, espérant avec le temps luy en faire honte à luy mesmes. (I-8 p. 33)

Dans ce monde où il prenait tant « d'affaire pour autruy », il se sentait dépossédé de lui-même, exilé. Il suffisait donc de prendre « retraite » en soi pour retrouver la plénitude originelle, don des fées, des astres ou des dieux, héritage naturel, paternel, tout cela dont chacun croit avoir été pourvu à sa naissance. C'est là qu'il fallait « s'arrester », « se rasseoir » pour mettre fin à l'errance. Dans cet espace à soi, « l'esprit » rêvait de « s'entretenir », de se tenir à lui-même, se faisant l'ami du « je »-propriétaire qui parle ici, aux fins de récupérer peut-être l'image de soi que l'autre ami avait dérobée en s'en allant (1).

Las ! il fallut déchanter vite ! La logique était trop simple. Le retour à soi est la déception même, un retour cette fois sans recours : car le sujet constate qu'il porte en lui-même son propre exil. « L'esprit », au lieu de procurer le « repos » (2) de la vie avant celui de la mort (« ce peu qui me reste de vie »), est ivre de mouvement, cheval fou « eschappé » dans les « chimères et monstres fantasques » ; au lieu de borner l'espace, il le transforme en espacement. Le « temps », loin de s'éterniser sous le poids de la maturité, se relance dans une durée sans direction, que rien sinon la « honte » (3) n'accompagne. Il faut donc repartir, réinventer un autre repli dans la retraite, celui de la « contemplation » qui creusera la retraite à son tour jusqu'à un lointain sans horizon perceptible. Il n'y a pas d'origine, pas de Livre primitif, pas de nature. Notre « sujet de la littérature » est un Jean sans Terre avide d'en recouvrer une. Condamné à l'errance, renvoyé d'un château l'autre, il écrira donc dans l'espoir de bâtir un livre-refuge, un livre-tombeau, où, sous la figure de « l'autheur », ce gisant sculpté dans les mots, il trouvera enfin « l'aise » et le « repos » de la mort en pleine vie (4).

(1) Dans les « amitiés ordinaires », écrit Montaigne, « nos ames s'entretiennent. En l'amitié de quoy je parle, elles se meslent et confondent l'une l'autre d'un meslange si universel qu'elles effacent et ne retrouvent plus la cousture qui les a jointes » (I-28 p. 188). « L'entretien », fût-il de soi à soi, ne parvient pas à faire oublier la distance originelle. L'expérience que relatent les *Essais* prouve à l'évidence que l'amitié qu'on se porte à soi-même est toujours imparfaite « ordinaire » : on ne peut pas se fier à soi, à son « esprit ».

(2) Rabelais-Diogène, on s'en souvient, rêve lui aussi du « repos » pour la défense duquel tous ses concitoyens sont sur le qui-vive.

(3) La « honte » est aussi le sentiment qui dicte à Rabelais-Diogène sa conduite, honte devant les autres qui le regardent. Montaigne n'attend que de lui-même ce désaveu moral qui doit lui inspirer sa propre correction. De l'un à l'autre de ces auteurs, il y a la distance d'un avant et un après, ou encore de l'enfance à la maturité, comme si une boucle se refermait.

(4) C'est encore le sens de l'avis « Au lecteur » qui ouvre les *Essais* : « C'est icy un livre de bonne foy, lecteur. Il t'advertit... » : le livre-monument parle, tentant de se substituer provisoirement au *je* du sujet, qui reprend aussitôt la parole : « il t'advertit que *je* ne m'y suis proposé aucune fin, que domestique et privée ». De l'autheur au sujet, du *il* au *je*, on le voit, l'échange incessamment se poursuit, ou plutôt le duel à mort qui serait enfin le repos.

CHAPITRE III

LE SUJET DE L'ESTHÉTIQUE

L'INQUIÉTANTE ÉTRANGETÉ

Les analyses précédentes auront au moins permis de mesurer la distance qui sépare l'exilé du XVIe siècle de ses figures antérieures : celle du peuple juif, appelé au salut du monde, celle d'Ulysse ou d'Ovide, victimes, l'un de la malignité des dieux, l'autre de celle des princes. L'exilé d'autrefois survivait dans l'espoir de retrouver le bonheur de la patrie ou de la Terre promise, où l'errance prendrait fin au milieu des élus. Moyennant quoi, il avait la chance des beaux souvenirs à raconter : nouveaux rivages, Circés ou Sirènes, et même danger des tempêtes, tout cela dont s'est nourri l'épopée antique, *Bible* ou *Odyssée*, « beau voyage », comme dira Du Bellay, nostalgique de ce *nostos* antique, dont il apprend à ses dépens qu'il est bien révolu.

En effet, l'exilé moderne sait maintenant qu'il n'est plus nécessaire de voyager pour errer hors des frontières. Les voyages réels, quand il lui arrive d'en accomplir, deviennent à ses yeux la métaphore d'une errance inscrite en lui depuis toujours. Le sujet découvre qu'il est un exilé de l'intérieur, ballotté d'un pôle à l'autre de lui-même. Diogène ne perd pas de vue Corinthe, Rabelais ne quitte même pas la cité qui l'exclut. La « retraite », qui est leur mouvement commun, n'est pas fuite, mais retrait, repli sur soi, ou encore retranchement pacifique dans le milieu hostile qui les retranche, en son milieu même.

C'est que l'exilé moderne est pris d'une surprenante fascination pour cela même qui l'ostracise : il fait tout pour que la distance ne soit pas séparation ; dépaysé dans son propre pays, étranger dans le monde qu'il habite cependant, qui ne cesse de l'habiter, il est dedans-dehors à la fois, proche et distant, séparé par le lien, lié par la séparation. Montaigne est surpris par « l'estrangeté » des « monstres » dont il sait bien qu'ils lui appartiennent, puisque son « esprit » les produit. Si « les Muses, comme estranges, s'enfuient » du poète abandonné, lui ne peut oublier que leur « métier » est, plus que sa vie, son être même : le retrait de leur familiarité encore toute chaude le fait se tenir, vis-à-vis de lui-même et du monde, sur la frontière indécise où le réel est comme traversé d'irréalité.

Heimlich, unheimlich : « Un effet d'inquiétante étrangeté se produit souvent et aisément quand la frontière entre fantaisie et réalité se trouve effacée » (1) : Freud avait été frappé du rapport qui unit parfois « la création littéraire » avec cet état où les contraires se confondent, où le plus familier prend les formes du plus étrange : ce mixte dont les termes allemands gardent l'empreinte indécidable. Il faut radicaliser le propos : l'*Unheimlichkeit* est le milieu dans lequel la « littérature » est apparue en ce XVIe siècle et qui ne cessera de l'infuser, dans le même temps que cette conscience du « loin près », du « tout rien » (2), coïncidait avec l'apparition de ce qui sera « le sentiment esthétique ». Du jour où la cohabitation simple avec les choses s'est peu à peu défaite, sans que pour autant

---

(1) *L'inquiétante étrangeté*, trad. de B. Féron, Gallimard, 1985, p. 251.

(2) J'emprunte ces expressions de la mystique à Marguerite de Navarre dans son poème des *Prisons* : le sujet exilé se sent comme investi par une puissance supérieure qui bouleverse ses certitudes naïves. Nous entrons dans l'ère de l'oxymore, qui identifie les contraires, à la différence de l'antithèse qui les juxtaposait : l'oxymore est la figure de l'*Unheimlichkeit*, dont témoigne encore la poésie néo-pétrarquiste du siècle, celle de Scève notamment, toute empreinte de religiosité.

se perde le contact de leur présence, le sujet, contraint de se distancier d'elles en elles, a dû ménager entre elles et lui un recul qui les frappait comme de légèreté, d'inconsistance : leurs valeurs usuelles s'estompaient, et grâce à cet entre-deux elles s'offraient à des significations inconnues, moins prises dans les pratiques courantes, et comme disponibles au simple jeu ; de son côté, le sujet s'interrogeait sur son être, à son tour devenu étranger à lui-même. Il y fallut, nous dit Freud, le retour des souvenirs infantiles mêlés à la peur de la castration, cela même qui, avec d'autres mots fut sans doute l'expérience de l'exil, telle que j'ai essayé de la décrire. La surimpression dans le réel du paradisiaque et/ou de l'infernal crée la distance qui rend étrange la familiarité du monde, où jusque-là le sujet satisfaisait son désir, et dont l'incompréhensible décision paternelle (« magistrats » ou concitoyens) l'a retranché. Dans ce creux au cœur de la présence, le relief accoutumé prend d'autres formes, d'autres sens : la géographie de l'exilé consistera à détailler les courbes d'un corps maternel, qui prennent aussi bien les contours de monstres ou de chimères « fantasques ».

L'INDIFFÉRENCE

Surgit alors un curieux sentiment d'indifférence à l'égard de ce qui est encore si proche. Du jour que l'exil lui a été imposé, le Rabelais de notre Prologue lâche cet aveu que rien dans le texte n'explique : « Tout m'estoit indifférent » (l. 136). Une indifférence double. Le moment de la différence marqué par l'affirmation du nom propre, celui qui distingue des autres, est en même temps celui où plus rien ne diffère ; le détachement, dont on pouvait penser qu'il rendrait les choses mieux perceptibles, les brouille au contraire. Les mesures se confondent, qui séparaient le bien du mal, le vrai du faux, le réel du fantastique. Le sujet jusque-là fusionnait avec ses semblables dans le labeur communautaire, qui imposait clairement les limites des valeurs en usage. Mais si la découverte de soi arrache le sujet à sa propre confusion, celle-ci est comme projetée sur les choses elles-mêmes ; elles deviennent troubles, et perdent leurs anciens critères de distinction : il va falloir tout réinventer, répertorier, reclasser.

Cette première indifférence se double d'une autre, qui caractérise le désengagement : les anciens partis pris s'effacent, les querelles antérieures paraissent lointaines. Le sujet flotte dans la liberté des choix auxquels il n'est même plus tenu, des valeurs qui ne sont plus les siennes. Il s'y mêle autant d'angoisse que de surprise et même d'amusement : si Rabelais convient n'être pas « hors d'esmoy », il se sent tout de même « hors d'effroy » (l. 111). Diogène pour sa part, après un moment d'immobilité, est soudain « comme excité d'esprit martial ». On se rappelle que Montaigne, après avoir reconnu l'inanité des principes les mieux établis, sentait son « jugement », bien que tout « bouleversé », « remis pourtant en bien plus seur estat », et lorsque dans sa retraite son « esprit » se donne libre carrière, on le sent curieux de se mettre au spectacle de ses « folies », comme s'il s'agissait d'un autre que lui. La distance suscite indifféremment la différence et l'indifférence.

L'inquiétante étrangeté n'est pas la frayeur devant le mystérieux : ce qui dérange n'est pas quelque appréhension devant l'inconnu, mais la nécessité d'appréhender l'expérience selon un mode inhabituel. « L'esthétique » s'est imposée au sujet, lorsque placé à distance d'un monde qui était encore le sien en position de « double » (1), il s'est vu dans l'obligation de l'explorer à nouveau par le regard de la « contemplation ».

(1) Le motif du double est étroitement lié à l'*Unheimlichkeit*, ainsi que Freud, s'appuyant sur Rank, l'a souligné. D'où la nécessité de la « mimèsis », fondement de l'esthétique (voir le prochain chapitre).

Tout s'est joué là. Montaigne devant ses « chimères » : « Pour en contempler à mon aise l'ineptie... » ; Diogène lui aussi « contemple » la « contenance » de tous ces autres, les siens. Le regard est dans un premier temps le seul acte, tout passif qu'il est, susceptible de combler le vide laissé par le retrait. Toute la scène que raconte le Prologue en son début, quasiment muette, est occupée par un complexe réseau de regards échangés (1), qui maintiennent la présence dans la distance. Diogène, mué en voyeur, est aussi vu voyant, et c'est lorsqu'il se voit ainsi vu qu'il brise cet enfermement du visible invisible par sa gesticulation saugrenue. Puis, à un ami qui, « ce voyant », lui en demande la raison, il répond qu'il craint « d'estre veu spectateur ocieux » (1.104-110) : par cette fausse occupation il pense échapper aux regards qui le condamneraient une seconde fois. Rabelais « pareillement » : « consyderant » l'agitation de ses concitoyens, il a « honte » d'« estre veu spectateur ocieux » d'eux tous, qui « en veue et spectacle de toute Europe jouent ceste insigne fable et tragicque comedie » : l'univers, aux yeux de celui qui contemple maintenant les choses de plus haut, est en train de se muer en théâtre, sur lequel, hélas, « peu de gloire » attend ceux qui « seulement y emploictent leurs oeilz » (1.136-143). Il y a même danger de « honte » (2).

Cette contemplation n'est pas celle de la mystique qui se répandait alors et qui visait la fusion du moi dans l'Autre, ou la « perte » de soi dans l'Ami, comme Montaigne en définira l'idéal. Cette autre contemplation instaure et consacre à l'inverse la distance : non seulement elle ménage entre le moi et le monde une sorte de glacis où le sujet se pose face à l'al-

(1) Ce Prologue commence par un jeu sur le mot « beuveur », où s'entend la vue mêlée au boire : qui a vu boira, qui a bu verra... Toute la suite est comme programmée par ce *Witz*.

(2) Chez Montaigne, la « honte » est le résultat escompté de la « mise en rolle » de ses « chimères » (cf. I-8), alors qu'elle accompagne l'exil de Rabelais-Diogène, qui intériorise une culpabilité qu'il ignore.

térité radicale de la Nature (« On s'y heurte avec un sourire », dira Mallarmé) : mais plus gravement encore, elle consolide à l'intérieur du sujet une dissociation qui deviendra son trait distinctif, celui de la lucidité. Montaigne s'identifie au regard qui l'écarte de lui-même plus encore que des choses, et la tour d'où il contemple d'un peu haut le monde (1) est la figure visible et comme la métaphore du retrait sans fond où l'abîme son regard dirigé sur soi :

> Moy qui m'espie de plus prez, qui ay les yeux incessamment tendus sur moy (II-12, p. 567).
> Chascun à peu près en diroit autant de soy, s'il se regardoit comme moy (ibid. p. 568).

Dans le cas exemplaire de Montaigne, la retraite ne fit qu'exacerber une disposition au clivage, qui depuis toujours le mettait en face de lui-même « comme d'une chose tierce » et le faisait « se distinguer et considerer à quartier, comme un voisin, comme un arbre (II-8 p. 942). Il raconte par exemple comment une fois son regard quasi amusé l'a dissocié d'une de ses passions d'amour, la pétrifiant dans l'espace qu'il creusait en lui-même :

> Je la sentois naistre, croistre et s'augmenter en despit de ma resistance, et en fin, tout voyant et vivant, me saisir et posseder de façon que, comme d'une yvresse l'image des choses me commençoit à paroistre autre que de coutume ; je voyois evidemment grossir et croistre les avantages du subjet que j'allois desirant, comme la clarté d'un esclair, mon ame reprendre autre sorte de veue, autre estat et autre jugement. (II-12 p. 559) (2)

(1) « Je vis », « j'ay veu », « je vois », sont autant de formules qui reviennent sans cesse dans les *Essais*.

(2) On trouvera dans les *Essais* bien d'autres aveux de cette paralysie au milieu même des réjouissances : « Parmy les dames et les jeux, tel me pensoit empesché à digerer à part moy quelques jalousie, ou l'incertitude de quelque esperance, cependant que je m'entrenois de je ne sçay qui surpris les jours precedens d'une fievre

« Tout voyant et vivant » : les deux termes, ici réunis dans le même instantané de la conscience, sont en fait inconciliables. Le regard soumet le vivant à une sorte d'expérience *in vitro*, qui paralyse en lui tout geste et lui assigne déjà son terme ou sa mort. Rien ici ne relève de l'exigence morale, utilitaire ou religieuse du « connais-toi toi-même ». Il s'agit au contraire d'une disposition ontologie en vertu de laquelle l'être du sujet, dissocié de lui-même, ne peut plus coïncider avec ses désirs : il ne les possède pas plus qu'il n'en est possédé (1).

L'affaire dépasse de loin la simple conscience du sujet en train de naître à soi : elle intéresse la Nature dans son ensemble. Le regard n'est-il pas en elle, et voulue par elle, une force d'antinature, qui la contraint à se retourner contre elle, brisant son unité simple ? Le sujet identifié au vide du regard insinue en elle le soupçon : il est ce qui la replie sur elle-même, la dispose en feuillets, en reflets où elle se diffracte. « Nature, écrit Montaigne, a rejeté bien à propos l'action de nostre veuë en dehors », mais il lui faut aussitôt se contredire et constater qu'elle nous fait aussi « rebrousser vers nous nostre course ». Ce commandement apollinien, au fronton du temple delphique, est un « paradoxe » : « Regardez sans vous, reconnoissez-vous, tenez-vous à vous » (III-9 p. 1000-1). « Se tenir à soi », « s'entretenir », une fois encore, mais pour quelle obscure volonté suicidaire ? Car loin de « rasseoir » Nature en elle-même, ce repli, dont seule l'humanité semble avoir reçu l'ordre, l'arrache à elle-même, en même temps qu'il décentre le sujet dans l'univers.

---

chaude et de sa fin » (I-20 p. 87). « L'entretien » de soi à soi n'est pas ici ce moyen de liberté que Montaigne essaiera d'imaginer au début de sa retraite (cf. I-8). « Il n'est rien de quoy je me soye dès tousjours plus entretenu que des imaginations de la mort », écrivait-il quelques lignes plus haut, se reprochant de ne pouvoir comme les « simples gens » vivre dans la coïncidence de soi à soi.

(1) Cette disposition au clivage intérieur, Montaigne la relève en lui dès son enfance : la pesanteur de son « naturel » se doublait de la vivacité de ses perceptions : « Ce que je voyois, je le voyois bien, et soubs cette complexion lourde, nourrissois des imaginations hardies et des opinions au-dessus de mon aage » (I-26 p. 174).

« L'ART »

Que ce re-gard de la re-connaissance nous ait été imposé par Apollon, le dieu « musagète », le père des arts, quoi de plus normal ? Car son commandement est l'acte qui inaugure « l'art », au sens que ce terme va prendre, se dissociant peu à peu de celui qui désignait la simple fabrication. Il ne servira bientôt à rien d'opposer la Nature à l'art (1), comme le fait si souvent un Montaigne et tant d'autres avec lui, puisque l'art est dans la Nature le double de son propre regard fasciné par elle-même, et qui cependant la trahit. L'art de l'esthétique est une autre fabrication qui se joint à la première, « naturelle », à la seconde, technique, pour en masquer, suppléer ou « rémunérer », comme dira Mallarmé, le défaut du regard qu'elle suscite en elle-même. Si l'art est mensonge, artifice, il ne se surajoute pas à la Nature comme une excroissance qu'il faudrait éradiquer pour en retrouver « l'origine », il est en elle sa loi secrète par laquelle elle s'impose de se perdre pour se trouver. L'apparition de l'esthétique marque dans la Nature le moment de son introversion ; l'art va devenir son âme damnée, aussi prête à la servir qu'à la tromper, sur le mode quasi comique du couple en écho maître-serviteur. Il y fallut l'exil du sujet, qui a retourné sur elle la Nature, la contraignant à réinventer ses propres valeurs.

L'UNIVERS THÉATRALISÉ : LE JEU

L'esthétique inaugure donc l'ère de la contradiction, celle du face-à-face qui oppose le sujet au monde, à lui-même,

(1) Dans le couple art-nature, comme dans celui que forment mensonge et vérité, le bon divorce suppose la bonne entente. Quand la nostalgie de la pureté « naturelle » saisit Montaigne, il accuse l'art de l'avoir volée ou voilée. Mais à d'autres moments, il sait bien qu'art et nature sont les deux faces conjointes de la réalité : « Si j'estois du mestier, je naturaliserois l'art comme ils artialisent la nature » (III-5 p. 874), bel hommage de ce qui n'est pas vice à ce qui est fausse vertu.

l'ère du décentrage et de la course asymptotique vers une impossible réconciliation, dont la littérature racontera l'aventure et l'échec. Mais ce regard, qui paralyse et rate sa prise, est aussi dans le même tour, le même pli, le regard qui perçoit dans le mouvement « l'aise », le « loisir » : il laisse filer la vie tandis qu'il la contemple et se donne ainsi la liberté d'une sorte de confort jusque-là inconnu. Le regard instaure le jeu, non seulement celui qui réclame l'« indifférence » dans le divertissement, le luxe de la gratuité, mais aussi le jeu du vide, qui entre les pièces de toute mécanique, permet aux rouages de fonctionner : ce liant de l'absence est ce qui permet de transformer en récit l'expérience éclatée.

Que le récit soit un effet de l'art, c'est ce que j'ai déjà laissé entendre en disant qu'il fut la forme nouvelle du temps, et cette conjonction a été rendue possible parce que le regard, en se radicalisant, a transformé, pour l'écrivain du moins, l'expérience en théâtre généralisé. Devant sa page, devant le monde, il s'est mis en position de spectateur privilégié, tandis que l'écriture était le moyen de la mise en scène. Le monde est devenu jeu, au sens théâtral du terme cette fois ; dans cet espace soigneusement réparti, le sujet-auteur assigne les places et les rôles ; metteur en scène, il distribue les fonctions entre spectateurs et acteurs, au rang desquels, on le sait, il ne s'oublie pas. Il se donne ainsi l'illusion de maîtriser ce qui tout à l'heure lui échappait, tandis que lui-même remplit son exil de ce qu'il voit et suscite. C'est pour lui que se joue « l'insigne fable et tragicque comédie », que Rabelais, on s'en souvient, voit s'offrir à lui « en veue et spectacle de toute Europe ».

Le monde est un théâtre : la métaphore était aussi vieille que Pythagore au moins. Mais théâtre pour qui ? L'ancien monde, le païen aussi bien que le chrétien, avait imaginé un Dieu, des dieux, spectateurs des choses d'ici-bas : c'était pour eux que les hommes histrions jouaient leur farce. La perspective désormais se retourne : du jour où Dieu s'exile, le sens du regard s'inverse, et les hommes (1) prennent la place désertée. Comme il se voit au deuxième dialogue du *Cymbalum Mundi*, où un Mercure, métamorphosé en humain trop humain, s'amuse méchamment au spectacle qu'il a lui-même monté de toutes pièces, dans un « cirque » où de ridicules théologiens s'entre-déchirent à la recherche de la pierre philosophale (2). Le XVIe siècle est le moment où le théâtre dit « à l'italienne » s'invente progressivement, se substituant aux tréteaux des Mystères : ces spectacles à tous vents, offerts sous tous les angles à des regards indifférenciés, relevant moins de la participation distanciée que de la participation liturgique, cèdent la place à un nouveau théâtre centré sur un spectateur privilégié (sujet-roi ou prince), dont la perspective capture le regard et l'entraîne dans son point de fuite ; le théâtre dramatise la réalité sur le mode d'une peinture vivante (3).

En devenant théâtre, le monde perd aussi la nature de livre écrit par Dieu et qu'il nous aurait donné à déchiffrer pour que nous y retrouvions sous une autre forme la lettre de sa parole, ainsi que l'âge antérieur l'avait conçu ; il en faisait encore le « miroir » où contempler la toute-puissance divine. Mais ce livre ne donnait rien proprement à voir, mais tout à comprendre ; ses reflets étaient autant de signes donnés à l'intellection, « allégories » qui se diffractaient en un poudroiement de « similitudes » à parcourir (4). Si désormais

(1) Ce pluriel me dispense d'entrer dans plus de précision ; il est certain que le spectacle n'est pas donné par tout le monde ni pour tout le monde : il y a manipulation au profit des puissants, j'y reviendrai.

(2) On connaît le mot de Montaigne, repris à Suétone : « Toutes nos vacations sont farcesques. » Mais pour qui, ces « farces », sinon pour ceux qui, comme lui, aiment s'asseoir dans « la grande et populeuse assemblée des jeux Olympiques », afin de « regarder comment et pourquoy chaque chose se faict, et estre spectateurs de la vie des autres hommes » (I-26 p. 158).

(3) En 1548, la représentation des mystères est interdite, par crainte des débordements populaires auxquels ils donnaient souvent lieu. Le théâtre moderne connut dès lors le même renfermement que celui décrit par Michel Foucault à propos des fous et autres marginaux.

(4) J'ai abordé cette question dans *La perte des mots chap. VIII.*

l'univers est encore un livre, il est composé de belles images à regarder : le choc émotif qu'elles produisent (plaisir, étonnement, frayeur mêlés) est ce à quoi se reconnaît le sentiment « esthétique ». Lorsque Montaigne écrit par exemple :

> Ce grand monde que les uns multiplient encore comme especes soubs un genre, c'est le mirouër où il nous faut regarder pour nous reconnoistre de bon biais. Somme, je veux que ce soit le livre de mon escholier (I-26 p. 157),

il ne reprend pas le lieu commun médiéval : quelques lignes plus haut, il se représentait « cette grande image de nostre mère nature » comme formant un « tableau » à regarder dans sa totalité : il y percevra sa différence, de façon à « reconnoistre son imperfection » (p. 158) (1). Plus significativement encore, lorsqu'après avoir adopté, puis rejeté toutes les figures de l'exilé, Du Bellay se résigne enfin à vivre son « séjour romain », il transforme le monde vaticanesque en un lieu de spectacles :

> Rome est de tout le monde un publique eschafault
> Une scene, un theatre, auquel rien ne default
> De ce qui peut tomber es actions de l'homme (sonnet 82).

Il remplit alors chacun de ses sonnets de « choses vues », en retrait desquelles il fait entendre son « ris sardonien », qui fige de mort les lèvres ou le silence de son indignation. Sa poésie se fait avec insistance « peinture », succession de *quadri*, qui sont autant de moments de la fresque morcelée, où chacun, et lui le premier, saura se reconnaître (2) :

---

(1) Les livres qui, au début de l'imprimerie reproduisaient la manière des manuscrits, deviennent eux aussi peu à peu des *théâtres* (c'est un titre neuf, qui leur est alors donné, en concurrence avec celui de *miroir*). On y entre par des frontispices, qui représentent le portique du bâtiment où l'action est censée se jouer, et dont le lecteur sera le spectateur.

(2) Dès le sonnet liminaire, Du Bellay nous informait que la poésie du recueil serait sur le modèle de la peinture :

Je ne peins mes tableaux de si riche peinture...

Nul ne me lise donc, ou qui me vouldra lire
Ne se fasche, s'il void, par maniere de rire
Quelque chose du sien protrait en ce tableau (sonnet 62).

Ce rire de l'homme devenu spectateur, metteur en scène, acteur de son propre théâtre, s'efforce à « l'indifférence » marquant son entrée difficile en esthétique. De Rome même, la ville sainte, Dieu s'est exilé, l'abandonnant aux passions humaines ; il ne reste qu'à s'en distraire pour qui essaie d'y tremper le moins possible. Le poète est celui qui invente de nouvelles valeurs, des valeurs d'échange, pour suppléer celles d'usage dont il n'est plus solidaire : elles supposent la complicité intelligente de ceux qui, comme lui, ont été rejetés dans la sphère de l'esprit, où le « traficque de marchandise », utilitaire, ne compte plus, comme le déclarent les « pantagruélistes » embarqués avec Rabelais sur la nef du *Quart Livre* :

> Une et seule cause les avoit en mer mis, sçavoir est studieux desir de veoir et apprendre, congnoistre, visiter l'oracle de Bacbuc et avoir le mot de la Bouteille (chap. 25).

Le sujet-artiste n'a rien à vendre, rien à acheter, n'étant rien lui-même, puisqu'il a été dépossédé de tout ; il est l'être du passage, et déjà ce « chemineau » de l'intellect dont Mallarmé dira la sympathie occulte qui le lie avec ces autres « artisans des tâches élémentaires », si distants de lui en apparence, qu'il est allé jusqu'à singer avec eux « la lutte des classes » au portail où ils l'injuriaient (1) ! De part et d'autre, c'est la même ignorance du « proufit » des marchands, avec en plus chez le poète la « curiosité » d'un regard neuf.

(1) Dans l'admirable « Conflit » (*O.C.*, coll. Pléiade, p. 355-360).

Il en va ainsi même lorsque l'horrible est en scène, la guerre, par exemple, comme dans notre Prologue, la guerre dont un Rabelais pourtant nourri d'Erasme et de son *Dulce bellum inexpertis* (1), savait l'absurdité et la barbarie : dans le *Gargantua*, dix ans plus tôt, il en avait dit la folie. Or, il fait ici l'éloge de cela même qui le condamne à errer :

> Et croye que guerre soit en latin dicte belle non par antiphrase, ainsi comme ont cuydé certains rapetasseurs de vieilles ferrailles latines, parce qu'en guerre gueres de beaulté ne voyoient, mais absolument et simplement par raison qu'en guerre apparaisse toute espece de bien et de beau ; soit decelé toutes espèces de mal et laidure (l. 122-128).

Quelle vérité malicieuse est à lire dans cet « éloge paradoxal » ? Le retranchement spectaculaire a tellement éloigné les choses qu'elles en viennent à perdre leur réalité dans les mots qui les disent ; ainsi déréalisées, elles ne sont plus que des images verbales, des fantasmes. La guerre n'est plus la guerre, mais *bellum*, « la belle » ! Dans « guerre » on n'entend plus le fracas de la « boucherie héroïque », mais l'homonyme « gueres ». Le jeu des mots, leur entre-choc se substituent à ceux des corps et des armes, comme si le décrochement des choses déportait sur la langue elle-même le regard et l'écoute. Le poète est en train de naître à ce qu'il avait toujours été sans bien le savoir : un manieur de mots, un artificier du langage, avant tout sensible à ses potentialités. Ce sera le « triballement de tonneau », hérité, pour une nouvelle signification, des jeux verbaux chers aux rhétoriqueurs.

De leur génération à celle dont Marot est l'initiateur, il y a la distance causée par la conscience poétique née au cœur de

(1) « La guerre est douce pour qui n'en a pas l'expérience » : c'est le titre d'un des plus célèbres adages d'Erasme (1508), réédité souvent à part au XVIe siècle.

l'exil. Les rhétoriqueurs n'imaginaient pas qu'ils pussent écrire autre chose que les fictions imposées de l'allégorie ; leurs jeux de langage ne remettaient pas la langue en jeu. La mutation réside dans le fait que le repli dans le spectaculaire contraint le regard à se porter en premier lieu sur le seul objet qui fait corps avec l'exilé : son « tonneau diogenicq », son langage. Lui aussi est retranché de la réalité, de son « origine » qu'on situait dans les « choses » (objets ou concepts) : il apparaît pour ce qu'il est, le produit arbitraire de la convention humaine (1), pur babil babélien.

On en tire une conséquence inédite : rendus à leur gratuité, les mots gagnent la liberté de l'art qui permet d'en jouer pour le plaisir de la simple écoute, et qui double ainsi la gratuité des choses. Mais à l'inverse, cette quasi-vacuité des signes pose une angoissante question, celle de leur rapport au sens du monde qu'ils étaient jusque-là chargés de transmettre à la pensée. Dans les quatre livres de son « roman », Rabelais ne cesse de poser cette question qui en fait l'unité profonde : qu'est-ce que parler veut dire ? Qu'est-ce qu'« interpréter », du moment qu'on se met à douter que les textes renvoient à un « plus haut sens » et que la « substantifique moelle » soit autre chose qu'un leurre ? Le monde est rempli de logomachies toutes faites qui ne signifient que leur propre bruit (2). Existe-t-il une langue « maternelle », « naturelle » dont, pour l'avoir délaissée et défigurée, « l'escholier limousin », stupide disciple des « escorcheurs de latin », aurait reçu de la main de Pantagruel une juste punition ? Que sont ces « paroles gelées » qui, au *Quart Livre*, tombent sur le tillac

(1) Disons globalement que le Moyen Age s'est rangé à une conception cratyléenne de la langue, comme le prouve son goût pour les étymologies avec lesquelles, depuis Isidore de Séville (VIIe siècle), il pensait prouver la vérité des mots. Lorsque dans son *De vulgari eloquentia* Dante passe en revue les divers dialectes italiens, il espère trouver celui qui sera le plus proche du parler originel, celui d'avant Babel.

(2) On se rappelle dans le *Pantagruel* la dispute hors sens d'Humevesne et Baisecul. Le *Tiers Livre* passe en revue les divers langages auxquels traditionnellement on reconnaissait la charge de la vérité : or chacun est susceptible d'interprétation contradictoire, selon le désir de l'herméneute, aux limites de la folie.

des navigateurs, et donc ceux-ci entendent le son sans y rien entendre ?

> C'est abus de dire que nous ayons languaige naturel : les languaiges sont par institutions arbitraires et convenences des peuples ; les voix, comme disent les dialecticiens, ne signifient naturellement, mais à plaisir. (*Tiers Livre* ch. 19.)

Déclaration sans ambages, qui n'interdit pas au même Rabelais de jouer ailleurs le jeu du langage « naturel », sur le mode de l'irritation parodique. Montaigne déclare en le déplorant : « Le monde n'est que babil », et ce « babil » encore remplit les quatre brefs dialogues du *Cymbalum Mundi*, interrompu à la fin par le mystérieux message venu des Antipodes : ce pourrait être la vérité en personne, si seulement de ce côté-ci du monde quelqu'un était en mesure de le déchiffrer. A coup sûr, les anciens débats nominalistes (les concepts renvoient-ils à une réalité des essences, ou ne sont-ils que des commodités de la pensée ?) ont trouvé là leur ultime retombée (1) ; mais l'affaire sortait maintenant des nuées scolastiques, elle engageait le rapport du sujet au monde, le rapport du sujet-auteur avec son langage, dont les fictions risquaient de ne plus être qu'un luxe décoratif.

Heureusement, le « babil » était aussi le chant des oiseaux, que les musiciens du temps déjà mettaient en musique : que signifiait-il, sinon, « naturellement », le « plaisir » du chant, pour reprendre les termes de Rabelais tout à l'heure ? Privés du réel, confinés hors frontières dans « l'esthétique », les poètes découvrent la sensualité du chant à « plaisir de gorge », à « plaine voix » : c'est leur consolation. Du Bellay par exemple tire le parti le plus optimiste du retrait de la langue sur elle-même, hors des choses. Le premier chapitre du pamphlet-manifeste qu'il rédige au nom de ses amis en poésie, est

(1) C'est l'hypothèse que suit non sans justesse Antoine Compagnon dans son *Nous, Michel de Montaigne* (Seuil, 1980).

consacré – nul n'y verra un hasard – à « l'origine des langues » (1) : après avoir rappelé la « diversité et confusion » issue de Babel, il tire la conclusion presque joyeuse que leur gratuité les ouvre à la liberté du jeu et du perfectionnement ; leur fonction n'est plus d'exposer, même par la fiction, la vérité, mais d'être « illustrées » pour tenter la chance, égale pour toutes, de leur avenir :

> Toute leur vertu est née au monde du vouloir & arbitre des mortels. Cela (ce me semble) est une grande rayson pour quoy on ne doibt ainsi louer une langue & blasmer l'autre : c'est la fantasie des hommes (p. 12).

Les langues sont le support de toutes les erreurs, de toutes les significations, mais aussi bien de toutes les vérités. A vrai dire, la question ne se pose même plus, qui faisait l'angoisse des anciennes écritures : sont-elles capables de représenter vraiment les « choses » ? Du Bellay répond :

> [les langues] ont esté formées d'un mesme jugement à une mesme fin : c'est pour signifier entre nous les conceptions & intelligences de l'esprit *(ibid.)*.

Et cela, quelles que soient les « conceptions » dont cet « esprit » est capable : « monstres » et « chimères », dit Montaigne, qui reconnaît s'« amuser » à transcrire ces « verves » fantasques, bien plus qu'il n'en a « honte ». C'est pourtant le même Montaigne qui est à d'autres heures si désireux de faire coïncider son « dire » avec son « faire », et d'écrire des « essais en chair et en os », des « essais » qui soient des « effets ». Et lorsque Ronsard chante les éclats lumineux de Cas-

---

(1) Tel est le titre du premier chapitre de la *Défense et illustration de la langue françoise*, que je cite dans l'édition Chamard (Didier, 1948). Les poètes, comme les juristes d'alors, s'interrogent en premier lieu sur le crédit qu'ils doivent accorder à leur instrument.

sandre, nous comprenons que l'image de la jeune fille, déjà si peu réelle, lui sert de métaphore pour dire son amour de la poésie et raconter sa genèse, ses travaux et ses jours, ses échecs comme ses éblouissements (1).

Le « tonneau fictil » de notre Prologue est la figure emblématique de ce nouvel état poétique : l'artiste, délivré de la transcendance à laquelle des siècles sourcilleux de vérité l'avaient lié, peut se laisser aller au seul plaisir des mots, qui sont autant d'objets fictifs susceptibles de fictions inouïes.

L'ÉCRITURE-REGARD

Ce plaisir n'est pas cependant sans détenir lui aussi quelque vérité d'importance : on le verra bientôt. Au départ, les choses ne se présentent pas ainsi. Lorsque Montaigne, une fois qu'il s'est espacé du monde dans sa « librairie », se sent contraint de s'espacer de ses « chimères » par un nouveau pli de son regard, c'est à l'écriture qu'il confie cette mission : « ... pour en contempler à mon aise l'ineptie, j'ay commencé de les mettre en rolle ». Cette « mise en rolle » (« enroller », « contreroller », ce sont encore ses termes) est la mise en mots, par quoi il espère consigner sur le « rolle » (livre-« registre ») la succession des imaginations qui traversent son « esprit ». Ecrire, croit alors Montaigne, c'est opérer une transposition simple, innocente, par laquelle la vision intérieure laissera fidèlement sa trace verbale sur la feuille. Cette écriture neutre constituerait une sorte de glacis transparent, où les fantasmes informes prendraient forme sans même se déformer ; elle permettrait une vision de la vision, une vision au carré, qui d'être ainsi redoublée garantirait la pureté des

(1) Qu'est-ce que lire les *Amours de Cassandre* par exemple, sinon percevoir dans chaque sonnet le plaisir de chanter l'amour du poème, et les innombrables détours de son invention ? Recueil spéculaire, dans lequel Cassandre est la figure de la poésie elle-même. Cf. G. Mathieu-Castellani, « Poésie et spécularité : la représentation de l'écriture dans les *Amours de Cassandre* » (R.H.L.F., 1986).

représentations jusque dans leur vanité, leur folie. L'écriture est l'organe de la vision, plus précisément le cristallin du « jugement », cette faculté qui, dans un plus lointain retrait encore, tient dans le sujet-Montaigne un « siège magistral » ou du moins s'y efforce (III-13 p. 1074), sans que pour autant ce sujet jamais puisse s'identifier à lui (1).

Pourquoi accorder au regard pareil privilège ? Parce que, avec l'écoute, il est le sens du retrait des choses, encore une fois, de la distanciation, et cette absence de contact semble lui conférer une double vertu : il respecte son objet dans la mesure où il ne le modifie pas, mais surtout il n'est pas infecté, alourdi par sa matérialité (2). La vision est le sens cérébral par excellence, auquel l'écriture donne de surcroît l'avantage de l'actualiser dans le visible même : l'écriture c'est la vision devenue visible. Mais pareille pureté n'est possible que si la langue a elle-même été débarrassée de ses « artifices », tout cela que Montaigne et bien d'autres dénoncent dans la rhétorique. La transparence des mots qui doit éclairer les choses ne s'obtient que par le « retranchement » de tous les « ornements » ou « couleurs » (les « figures »), qui dans le même temps séduisent les « baroques » avec leur « style artiste ».

Cette utopie d'un langage dont le retrait garantirait la neutralité, l'impassibilité devant les choses qu'il donne à voir, sera celle encore de l'âge classique et bien au-delà. C'était déjà celle qu'Erasme, bien qu'il fût aussi le grand vulgarisateur de l'« abondance » rhétorique, défendait devant son ami Budé, amateur d'une langue contournée, difficile, « asiatique » (3). Mais c'est Montaigne qui s'en est inspiré de plus

(1) Le « jugement » dont l'écriture est « l'outil », en est lui-même un que possède le « je » du sujet : « Le jugement est un util à tous subjects. A cette cause, aux essais que j'en fay ici, j'y emploie toute sorte d'occassions » (I-50 p. 301) : le retrait dans le retrait ouvre un point de fuite où le sujet se recule sans jamais se saisir.

(2) Sur ce privilège du regard et sur la pratique du « retranchement », je me suis expliqué en détail dans *La perte des mots*, chap. 2 et 4.

(3) Cf. sa correspondance avec Budé (éd. par M.-M. de La Garanderie, Vrin, 1967). J'ai analysé cette dualité dans l'édition des préfaces au *Novum Instrumentum*.

près, du moins le croyait-il, chaque fois qu'il a défini son style idéal : un style « pourveu de choses » (I-26 p. 169), au point qu'il s'inquiétait lorsqu'il percevait que des lecteurs prêtaient plus d'attention à ses mots qu'à leur contenu :

> Je sçay bien, quand j'oy quelqu'un qui s'arreste au langage des *Essais*, que j'aimeroye mieux qu'il s'en teust. Ce n'est pas tant eslever les mots, comme c'est deprimer le sens, d'autant plus picquamment que plus obliquement (I-40 p. 251).

L'écriture du regard repose en effet sur une redoutable contradiction qui ne sera jamais dépassée : si elle permet au sujet du jugement de s'abstraire des choses, si elle aménage en lui la distance, elle doit en même temps coller à ces choses qu'elle éloigne, elle doit en être pleine, « pourveue » et rétablir le contact. Montaigne croit échapper au dilemme en effaçant dans son style toutes les marques qui rendent la langue sensible à qui la lit ou l'écoute : il voudrait qu'elle soit comme l'œil qui voit sans se voir :

> Je veux que les choses surmontent, et qu'elles remplissent de façon l'imagination de celuy qui escoute, qu'il n'aye aucune souvenance des mots (I-26 p. 171).

Mais voilà ! la langue fait un retour moqueur dans l'effort même qui cherche à la gommer. Plus Montaigne rêve de pratiquer

> un parler simple et naif, tel sur le papier qu'à la bouche ; un parler succulent et nerveux, court et serré, non tant delicat et peigné comme vehement et brusque *(ibid.)*.

plus la vigueur de ses mots les impose à l'attention : c'est la revanche du « style artiste ». Rien ne sert de pasticher le langage parlé dans l'écriture pour la raison qu'il échapperait à la remarque : au contraire, sa « véhémence », sa « succulence » frappent d'autant plus qu'il donne le change des choses dans l'écriture.

Dans un autre registre, la novation poétique inaugurée par Du Bellay, lorsqu'il brûla le vaisseau sur lequel il naviguait avec Ronsard et les autres (mais son indéfinissable sourire marquait les limites de sa nouvelle entreprise), reposait sur l'ambition d'un langage neutralisé, privé de ses marques poétiques. Il revenait à Marot, l'adversaire de la veille, et décidait, c'est bien connu, d'inventer un vers qui

> soit une prose en ryme ou une ryme en prose.

Qu'entendait-il au juste par là, sinon brouiller les signes qui jusque-là servaient à faire reconnaître « l'éloquence poétique » et à la distinguer du « style prosaïque », pour reprendre les termes de Ronsard, dont on sait à quel point il cherchait à éviter toute contamination de l'une par l'autre (1) ? L'enjeu était de poétiser dans une langue-non-langue, dont le leurre ferait croire qu'elle s'effacerait pour laisser place à la sincérité de la « plainte » toute vive.

LA PRÉSENCE, CETTE HANTISE (2)

Banaliser la langue au point de la faire oublier au cœur de son exercice même, le « littéraire » surtout, c'était ignorer, ou le feindre, que la « mise en mots » est une forme de mise en

(1) « Le style prosaïque est ennemy capital de l'eloquence poëtique », déclarait-il décisivement en 1587 au « lecteur apprentif » de sa *Franciade*. Marot avait au contraire tenté, et ce fut sa nouveauté en poésie, de marier ces contraires, provoquant nombre d'effets burlesques. C'est contre cette mésalliance que la Pléiade en ses débuts voulut réagir.

(2) G. Defaux a récemment écrit un beau livre intitulé *Marot, Rabelais, Montaigne : l'écriture comme présence* (Champion-Slatkine, 1987), dans lequel il cherche à montrer que la présence est la conquête réussie des écrivains de ce temps. Il est dommage que l'auteur n'ait pas envisagé que tant d'euphorie est constamment démentie par leur pratique fiévreuse, comme j'essaie de le montrer ici.

scène, c'est-à-dire une opération de montagne, de trucage, de trompe-l'œil : d'esthétique.

Pour justifier la manœuvre, on s'est servi de la fameuse formule d'Horace, *ut pictura poesis* ; détachée de son contexte où elle avait un tout autre sens, elle prit une valeur d'un slogan, où le *ut* ne signifiait pas l'égalité de deux arts, mais la subordination de l'un à l'autre : la poésie devait s'efforcer d'être « comme » la peinture et de produire avec ses mots l'équivalent de ce que le tableau donne à voir. Ainsi la fiction serait d'ordre plastique, et dans la rhétorique, soupçonnée, on l'a vu, d'artifice, on valorisera les figures qui parlent par images à l'imagination (métaphores, descriptions, hypotyposes, etc.). Cette course poursuite des mots derrière leur valeur d'image sera le fondement de tout ce qui dans la « littérature » prendra nom de « réalisme ».

Que cherchait-on à satisfaire par ce goût des représentations, dont les jésuites furent aussi les vulgarisateurs militants ? A provoquer un choc émotionnel, qui au-delà des mots pouvait passer pour être la résonance sensible où « l'origine » manifestait encore sa Présence, une origine qui n'aurait plus la forme abstraite des concepts liés à la langue, mais celle vivante du sujet-auteur dans son texte, ou celle de l'autre dont on espère toujours la rencontre. Telle est la finalité de l'esthétique : provoquer l'émotion, parce que celle-ci est au sens propre ce qui dérange et fait bouger la croûte du langage, là où la pensée croit s'exprimer. L'émotion est ce plaisir trouble, qui résulte de la Présence lorsqu'elle fait effraction dans la conscience du lecteur et s'impose à lui dans une sorte de fusion immédiate, non réfléchie. L'« image » fait choc dans les mots, au-delà d'eux ; elle impose son évidence hors glose.

> Nous sommes ennuyés des livres qui enseignent, donnez nous en pour esmouvoir, (1)

(1) D'Aubigné, *Les tragiques*, éd. Garnier-Plattard, Didier, 1966, tome 1, p. 3.

écrit d'Aubigné dans sa préface aux lecteurs des *Tragiques*, et il s'essayait à un style de la violence imagée, comme si devenait suspecte toute vérité dont le corps textuel ne ferait pas éprouver la présence de son « autheur » dans le corps du lecteur. La littérature dite « baroque » n'est en rien une éclosion du style artiste : sa force dans le raffinement des extrêmes vise à authentifier la lettre en manifestant la vibration vivante de ce qui la crée pour la dépasser (1). On pourrait dire qu'il s'agissait déjà d'une « littérature à l'estomac », si le célèbre pamphlet qui porte ce titre visait ce goût pour le viscéral qui justifie à nouveau le *H* d'autheur. « Et tout pour la tripe ! » s'écriait Rabelais dans le *Quart Livre* (chap. 57), qui savait que la Présence est logée au ventre de chacun.

Cette métaphysique de la Présence avait été formulée autrement par Erasme, avec bien moins de paroxysme. Elle justifiait à ses yeux la *libido sciendi* qui chez nombre d'humanistes pouvait n'obéir qu'à une « curiosité » quelque peu impie. Pour être encore religieuse, la passion philologique devait s'assigner de faire « revivre » l'auteur divin dans son texte qu'il n'a cessé d'habiter depuis que les temps sont accomplis, comme si sa personne vivante attendait la ferveur d'un lecteur érudit pour se communiquer grâce à lui à la chrétienté. Voilà pourquoi, terminant sa *Paraclesis*, cette préface jointe aux autres en tête du *Novum Instrumentum* de 1516, Erasme, après s'en être pris aux superstitieux, amateurs d'images pieuses et de reliques, écrivait ces mots :

> Pourquoi ne pas plutôt rehausser d'or [...] ces écrits qui nous donnent le Christ avec tellement plus de présence

(1) C'est pourquoi on aurait tort d'opposer l'idéal d'une écriture dénudée comme en rêvait Montaigne à celle contournée de certains « baroques » : la même hantise de la présence les anime, celle de saisir enfin la « chose » (soi ou l'autre) dans la parole, de s'identifier à elle, de réduire l'écart de l'exil. Montaigne a souvent été rangé parmi les « baroques », alors même qu'il n'aimait pas les « pointes bouffies » de l'Arioste et de ses imitateurs. Il y eut alors plusieurs façons extrêmes et contraires de chercher à « voir ».

> qu'une misérable image ? [...] Ses écrits te redonnent l'image vivante de son esprit saint et sacré, ils te rendent le Christ en personne, en train de parler, de guérir, de mourir, de renaître dans toute sa présence, au point que tu le verrais moins bien, si de tes yeux tu le regardais face à face.

Cette quête de la Présence traversera désormais sous des formes diverses des siècles de littérature et de philosophie mêlées, et nous comprenons peut-être mieux maintenant pourquoi le théâtre et le roman vont devenir des genres privilégiés : l'évidence spectaculaire, qui en faisait la vertu et l'efficacité, se prêtait à toutes les manipulations. Il serait aisé pour de nouveaux démiurges, pour des « artistes » tapis dans les coulisses et attentifs aux ordres venus d'ailleurs, de cacher les trucages de la mise en scène, et de donner pour révélation de la présence leurs propres mots d'ordre. C'est ce qu'annonce, mais de façon encore prématurée, un épisode en forme de digression dans notre prologue rabelaisien : on y « voit » comment le roi Ptolémée monta « en plain theatre » un spectacle bizarre, fait d'« un chameau Batrian tout noir et d'un esclave biguaré », « choses non encore veues en Aegypte ». Il « esperoit par offre de ces nouveaultez l'amour du peuple envers soy augmenter ». Malheureusement pour lui, Ptolémée n'était pas encore un bon dramaturge : sa mise en scène rata l'effet escompté, si bien que « l'esperance qu'il avoit de complaire à ses Aegyptiens luy decoulla des mains » (l. 197-219). Au temps de Rabelais déjà, on saura mieux tirer les ficelles de la métaphysique et de la morale théâtralisées ; et surtout, j'y reviendrai, la présence trouvera pour se manifester des voies plus secrètes, moins ostentatoires, et d'autant plus captieuses.

CHAPITRE IV

LE SUJET DE L'IMITATION

L'ÊTRE-COMME (1)

Revenons à notre Prologue où nous l'avions laissé : le héros a été exilé sans autre raison que son inaptitude à vivre dans une société dont il recouvre de couleur nostalgique la nature totalitaire : oukases venus d'en haut, conformisme sans pitié ni recours. Ce n'est plus l'ancien monde féodal, mais celui en formation, avec ses états concurrentiels, ses monarchies centralisées, éclatées. Ainsi tenu à l'écart, notre homme a connu un moment de suspens silencieux, durant lequel il s'est fait pur regard, mettant le monde à la distance de son questionnement, en même temps que par un repli sur lui-même il cherchait à se reprendre et retrouver. C'est le moment du doute, où le sujet suspendu suspend en retour son jugement, moment (de la) critique, où la vérité antérieure s'expose et se renverse. Le « qui suis-je » s'y double inévitablement d'un « que sais-je » et plus encore d'un « que fais-je ? ».

---

(1) « A quelles conditions l'*imitation* est-elle possible ? Il y en a au moins deux : 1. Il faut que le sujet de l'imitation (génétif subjectif), l'imitant si l'on veut, ne soit rien lui-même ou n'ait, selon Diderot, "rien en propre" [...] Cela suppose une impropriété native, une "aptitude à tous les rôles" [...] 2. Il faut donc que le "sujet de l'imitation" soit un "être" (au sens d'un étant) originairement *ouvert à* ou originairement "hors de lui", ek-statique » (Ph. Lacoue-Labarthe, *La fiction du politique*, publ. des universités de Strasbourg, 1987, p. 71).

Les réponses à ces questions surgies à l'improviste ne sont pas prêtes. Or il faut bien vivre durant ce temps où « la vraie vie est absente ». Dans une situation analogue, Descartes se fixera une « morale par provision », qui éclaire après coup l'attitude première de Rabelais-Diogène : pour tenir ce temps du suspens, il s'obligera à quatre règles qui reposent sur l'axiome suivant : « obéir aux lois et coutumes » de la patrie où l'on vit exilé, en « suivre [...] les opinions » même « les plus douteuses », car dans l'impossibilité de choisir « la meilleure occupation », on ne peut faire « mieux que de continuer en celle-là même » (où l'on se trouvait) (1). A sa façon, qui est celle de l'outrance, Diogène ne faisait rien d'autre : « obéir », « suivre », « continuer », alors même qu'il ne croit plus à ce qu'il reproduit ainsi. Il adopte un faire-comme-si, qui est imitation de ses gestes passés, ceux des autres, les seuls qu'il ait jamais su accomplir ; mais il les transforme en une agitation brouillonne du fait qu'ils sont maintenant pour lui vidés de leur sens : après avoir empoigné son « tonneau fictil »,

> en grande vehemence d'esprit desployant ses bras, le tournoit, viroit, brouilloit, hersoit, renversoit, bastoit, boutoit, butoit, tabustoit [etc.] (l. 73 sq),

et notre Rabelais, « pareillement », fait subir à son propre tonneau un « triballement » aux limites de la folie imitative.

Ainsi, le porte-à-faux du regard se double presque aussitôt d'un porte-à-faux de l'action. N'étant plus rien par lui-même, le sujet de l'exil ne peut que reproduire sur le mode de la fiction l'image des autres qui est aussi la sienne. Le voici constitué en être du double, qu'il sera toujours aisé d'accuser de duplicité : il devra simuler une conformité impossible. Il est devenu un « être-comme », c'est-à-dire qu'il a dû faire le saut qui, depuis l'ère du *cum* latin, celle de l'« avec », de l'ac-

(1) *Discours de la méthode*, troisième partie.

compagnement, l'a projeté dans celle du « comme » français, où la comparaison souligne la différence qui va du pareil au même. Disons encore, qu'exclu de la communauté de ses rêves, il affiche une « comme-unité » (1), qui est sa façon de jouer l'unité sur le mode du « comme » de l'*unheimlich*. Les contraires s'y mêlent, distance et présence, froideur et passion (2).

Ce désir de conformisme impossible ne touche pas seulement la vie quotidienne. On sait le dégoût de Montaigne pour toutes les « nouvelletés » qui dérangent l'ordre établi, alors même qu'il écrit le livre le plus neuf de son temps ; mais cette nouveauté est l'imprévu résultat d'un dessein de bout en bout mimétique : ce que montrent clairement les premiers chapitres des *Essais*, ceux rédigés au début de sa retraite : on y trouve un patchwork de citations, de réminiscences, classées selon les affinités du pour et du contre, du semblable et du dissemblable ; lui-même déplorera plus tard à ce propos « sa condition singeresse et imitatrice » (III-5 p. 875). Dans ce temps du suspens obligé (3), la mémoire est traversée de bribes de lectures éclatées, qui s'échappent jusqu'à « l'esprit ». Comment les maîtriser, sinon en les confiant à l'écriture. On songe à Bouvard et Pécuchet au sortir des navrantes aventures qui les ont eux aussi mis au ban de la société : « Pas de réflexion ! Copions ! », et à leur résolution de se contenter « du plaisir qu'il y a dans l'acte matériel de copier ». Plaisir des « bigarrures », pour reprendre le titre du livre célèbre de Tabourot des Accords (4), plaisir qui était déjà celui de Rabelais, dont l'œuvre consiste en bonne part

(1) J'emprunte ce néologisme à Michel Deguy, *La poésie n'est pas seule*, Seuil, 1987.

(2) J'ai dit plus haut (p. 62 note 2) que l'oxymore était la figure-clef de la littérature nouvelle : la comparaison déplie sous forme linéaire et comme *théâtralisée* l'indécision ontologique du sujet.

(3) Dans ce suspens, on perçoit l'écho, mais totalement déplacé, de « l'épochè » stoïcienne : il est attente, sursis, et non sagesse dédaigneuse du monde.

(4) Paru en 1572-1585. Dans ce livre étonnant, la folie de l'ensemble tient à la juxtaposition des propos les plus communs, comme dans *Le Moyen de parvenir* de Béroalde de Verville (1610), où l'intention satirique débride plus encore l'ensemble.

dans le montage, parodique jusqu'à l'absurde, des différentes modalités des discours en usage. Mais dans ce plaisir pointe aussi l'irritation d'être tenu dans les limites de l'imitation.

« L'auteur » ne sera jamais que l'imitation d'un autre auquel il tente de s'identifier, un autre dont il reprend l'image dans les mirages que lui fournit la littérature.

IMITER L'IMITATION

Le schéma qu'on vient de suivre dans les traces de Rabelais n'est toutefois pas aussi simple qu'il y paraît : exil, regard, imitation ne constituent pas une chaîne linéaire, au terme de laquelle le sujet serait en droit de gagner une issue ; il lui aurait suffi d'un peu de patience et de longueur de temps. A y regarder de plus près, les choses ne vont pas ainsi.

En effet, Rabelais-auteur n'imite les autres qu'à l'imitation d'un modèle, Diogène. « Je pareillement », déclare-t-il avec force, soulignant que le « je » du sujet, au moment précis où il s'affirme, est déjà la figure d'un autre, son double. C'était pourtant le moment pour lui de se saisir soi-même, dans une intuition de style cartésien par exemple, où, dans le vis-à-vis de soi, il aurait dévisagé son vide originaire, son « rien », ou sa plénitude, comme l'espérait Montaigne. Or, renvoyé au plus près de soi, il s'appréhende dans une altérité différente de celle qui l'avait déjà dissocié de ses semblables, une altérité encore plus originaire, constitutive. Le vide ne se perçoit qu'à travers le masque de fantasmes qui se dérobent dès qu'on cherche comme Narcisse à s'y confondre, ou qui vous tuent. Une étrange inquiétude naît du fait que le plus lointain repli sur soi éconduit le sujet de lui-même, vers une figure elle-même insaisissable.

Car ce Diogène, quand il remue son tonneau, ne fait déjà qu'imiter, et Rabelais imite un autre qui imite les autres : une chaîne s'amorce, dont les bouts pourraient bien échapper au regard. Surtout que la question est encore de savoir qui est ce Diogène qu'une évidence sans justification impose soudain comme modèle. Or il n'est rien qu'un être de discours, transmis par la relation des textes, un être de « ouï-dire » recueilli par des Midas aux longues oreilles, ou par les espions « otacustes » que nous sommes tous, bien que le début du Prologue les prenne vivement à partie (1). Diogène appartient à la légende, et en tant que tel il est la doublure, la copie mythique (au sens où le *muthos* grec signifie « parole ») d'un être dont la réalité échappe. Le sujet imite donc une fiction d'imitation elle-même en train d'imiter : la chaîne s'ouvre sur la dérive sans fin du double en miroir, et le sujet n'est rien que le mouvement de cette perte.

Lorsque, d'une part, se retournant sur lui-même, il décide de s'entre-tenir afin de « s'arrester » à soi, que « tient »-il de lui-même sinon une face où il a du mal à se reconnaître. On sait combien Montaigne se défend de se dissoudre dans l'imitation obligée des autres, que sont ses emprunts, ses citations, tout cela qu'il nomme ses « allégations » :

> Je ne dis les autres, sinon pour d'autant plus me dire (I-26 p. 148).

Mais entre le moi réel et le moi mué en dire, composé de tous les dires des autres, le rapport d'imitation est incontournable. C'est pourquoi l'écriture de soi, si neutre soit-elle, consiste inévitablement à constituer pour son propre usage et celui des autres, un « moule », un « patron » dont le sujet attend qu'il lui confère sa consistance :

(1) Le début de notre Prologue pose l'hypothèse saugrenue selon laquelle nous pourrions avoir « vu » Diogène ; hypothèse réfutée. Nous sommes donc tenus sous la sujétion de la rumeur : s'agissant de Diogène, « par l'aër et tout le ciel est son bruyt et nom jusques à present resté memorable et celebre assez » (l. 19-20). Le *Cinquième Livre* au chap. 30 raconte comment les navigateurs voient au « pays de Satin » « Ouy dire tenant escole de tesmoignerie ».

> Moulant sur moy cette figure, il m'a fallu si souvent dresser et composer pour m'extraire, que le patron s'en est fermy et aucunement formé soy-mesmes. Me peignant pour autruy, je me suis peint en moy de couleurs plus nettes que n'estoyent les miennes premieres (II-18 p. 665).

A ses heures, Montaigne se résigne à vivre dans ce faux semblable ; il s'en « amuse » même comme dans ce chapitre « Du dementir ». A d'autres moments, c'est le dépit ou le malaise : « La pire place que nous puissions prendre, c'est en nous » (II-12 p. 568), écrit-il alors, contredisant l'espoir qui l'avait poussé à s'exiler du monde : il se retrouve exilé en lui-même dans ses propres doublures.

Partout des images prolifèrent, dont « l'imagination » n'est pas le magasin tranquille : c'est une puissance redoutable, que Montaigne n'est pas le seul à dénoncer pour la raison qu'elle interpose partout le voile trompeur, proprement diabolique, du double imitatif. Dans ce constat, le rêve d'une époque s'ébranlait, le rêve suscité par le retour des littératures oubliées ou négligées, qui composaient le pays des « Isles fortunées », cet ailleurs des belles fictions où un Ronsard s'était volontairement exilé avec ses amis poètes, afin

> D'abandonner le terroir paternel
> Pour vivre ailleurs en repos eternel. (1)

Dans cet eden, on ne ferait que lire Catulle, Ovide, Properce, Tibulle, et surtout Homère le divin. Or cette belle image de communauté littéraire recouvre mal une autre réalité, celle du poudroiement de ces images éclatées, éclatantes, qui ne reposant en nul lieu ne font transparaître nulle présence. C'était encore ce que le *ut* du *ut pictura poesis* marquait à sa façon : la poésie imiterait la peinture, qui elle-même n'était que l'image fuyante d'une réalité insaisissable,

(1) Ronsard, poème des *Isles fortunées*, O.C. II, p. 411.

parce que les angles où la reproduire sont infinis, et qu'il est impossible den arrêter la poursuite.

LE LEURRE

Il y a là quelque chose du cauchemar, où la littérature qui vient s'installera, dans la mesure où elle s'assignera la norme de l'imitation (1). Le retour des textes anciens, auxquels est accordée une place dominante, a produit le sentiment qu'entre le sujet et ce qu'il croit être la réalité s'est au départ glissé l'écran trompeur des mots, qui sont autant d'images des choses : au plus près d'elles, ils en interdisent cependant l'accès. La langue est « arbitraire », les fictions sont de merveilleux mensonges. Héritier d'une faute originelle qui justifie sa « honte », le sujet naît au monde et à lui-même par l'intermédiaire d'images d'autant plus leurrantes qu'elles sont séduisantes ; il ne peut s'en débarrasser sans le faire aussitôt de lui-même.

Certains se résignent joyeusement à vivre dans ce paradis artificiel, un Ronsard par exemple, qui nous raconte comment il dut faire front aux reproches de son père, alors que tout enfant il ne rêvait déjà que de poésie, terre d'exil dont il était déjà roi :

> ... Pauvre sot, tu t'amuses
> A courtizer en vain Apollon et les Muses ;
> Que te saurait donner ce beau chantre Apollon,
> Qu'une lyre, un archet, une corde, un fredon,
> Qui se respand au vent ainsi qu'une fumée,
> Ou comme poudre en l'aer vainement consumée ?

(1) La littérature antérieure était d'essence répétitive, et c'est pourquoi elle n'était pas proprement « littérature » ; elle ne s'inscrivait pas dans une temporalité à rattraper ou à conquérir. La nouveauté à partir du XVIe siècle tient au fait que la production des textes, à travers l'imitation notamment, s'élabore avec et dans le temps, comme s'il s'agissait de l'arrêter ou de le rattraper, en refaisant les productions antérieures, dans l'idée de les égaler ou de les porter à leur ultime perfection.

Et son père l'incitait justement à des activités plus réelles, plus lucratives. Mais cette voix ne fit que l'ancrer avec plus d'obstination dans le leurre :

> Pour menace ou prière, ou courtoise requeste
> Que mon pere me fist, il ne sceut de ma teste
> Oster la Poësie, et plus il me tansoit,
> Plus à faire des vers la fureur me poussoit.
> Je n'avois pas douze ans qu'au profons des vallées
> Dans les hautes forests des hommes recullées,
> Dans les antres secrets, de frayeur tout-couverts,
> Sans avoir soin de rien, je composois des vers. (1)

Mais d'autres, qui avaient eux aussi volontairement quitté « le terroir paternel », ont vécu des retournements amers. Du Bellay avait comme Ronsard goûté très jeune à ces ivresses de l'écart poétique :

> Où sont ces doulx plaisirs, qu'au soir soubs la nuit brune
> Les Muses me donnoient, alors qu'en liberté
> Dessus le vers tapy d'un rivage esquarté
> Je les menois danser aux rayons de la lune ?
> (*Regrets* sonnet 6)

Le « regret » se nourrit de ce que le rêve qui « écarte », alors même qu'il s'est dissipé, interdit de rejoindre le réel et le rend encore plus insupportable. Le poète reprend son métier sans plus y croire.

Même retournement chez Montaigne, qui évoque avec de la gourmandise le souvenir de son éveil au « leurre » des livres :

(1) *Discours à Pierre L'Escot*, O.C. II p. 422 et 424. Ronsard ne sortira de son rêve qu'à la toute fin de sa carrière, lorsque la maladie lui interdira le sommeil et le contraindra à une terrible lucidité devant la réalité incontournable entre toutes, celle de la mort. Ses *Derniers Vers* en font l'aveu désespéré :

> Apollon et son filz, deux grans maistres ensemble,
> Ne me sauroient guerir ; leur mestier m'a trompé.
> (Sonnet 1, O.C. II p. 635.)

> Le premier goust que j'eus aux livres, il me vint du plaisir des fables de la Metamorphose d'Ovide. Car, environ l'aage de sept à huit ans, je me desrobois de tout autre plaisir pour le lire (...) Par là, j'enfilay tout d'un train Vergile en l'Eneide et puis Terence, et puis Plaute, et des comedies italiennes, leurré tous jours par la douceur du subject (I-26 p. 175).

Le « plaisir » des mots « desrobe » à son profit tout autre plaisir que donne la réalité. Plus tard, Rousseau, avec l'active complicité de son père cette fois, se bourrera lui aussi de « romans », et son mal viendra de ce qu'il ne pourra plus jamais faire coïncider ces images héroïques avec celles de la vie quotidienne. Chez Montaigne, la nostalgie affleure lorsqu'il se prend à considérer la distance qui sépare les deux univers :

> J'ay veu ailleurs des maisons ruynées, et des statues, et du ciel, et de la terre : ce sont tousjours des hommes [...] Or j'ay esté nourry dès mon enfance avec ceux icy [i.e. les Romains] ; j'ay eu connaissance des affaires de Romme, long temps avant que je l'aye eue de ceux de ma maison : je sçavois le Capitole et son plant avant que je sçeusse le Louvre, et le Tibre avant la Seine (III-9 p. 996).

Tout est affaire de décalage : savoir le plan du Capitole avant le Louvre et avant le Capitole réel, le porte-à-faux pervertit le rapport de la conscience au monde, et voilà comment on se sent « mestis, le cul entre deux selles » (I-54 p. 313).

Mais ce malaise existentiel a partie liée avec l'exercice de l'imaginaire, tel que l'écriture à la fois le capte et le génère. Car comment être de « bonne foy », lorsque pris au leurre des images on est contraint à leur imitation ? Le thème de la sincérité fait ainsi son apparition dans la littérature et ne cessera plus de l'empoisonner ; jamais on n'en aurait ainsi parlé sur le mode de l'obligation, si quelque part elle était praticable. Peut-on en effet être vrai, être un exilé vrai, quand on s'est rempli d'Homère ou d'Ovide ? Peut-on éviter que ces images ne se surimposent à ce que l'on sent, ou même ne l'imposent ? Le périple que narrent les *Regrets* est moins le voyage réel d'un malheureux poète, que la façon dont il se défait de ses peaux d'emprunt : figures du héros tragique, épique, lyrique, satirique, élégiaque. Le poète peut bien déclarer qu'il n'imite personne, qu'il laisse sa « passion » lui dicter directement ses vers : mais cet aveu de franchise est encore une réminiscence d'Horace (1) :

> Je me contenteray de simplement escrire
> Ce que la passion seulement me faict dire
> ... Aussi n'ay je entrepris d'imiter en ce livre
> Ceux qui par leurs escrits se vantent de revivre. (sonnet 4)

« Le cœur seul est poète », dira-t-on plus tard. En fait le « cœur » ne sent qu'à travers ses doubles. Les *Regrets*, à bien les lire, sont faits d'un jeu subtil qui consiste, non à chasser l'imitation, mais à la dissimuler, à rendre insensible la réminiscence sous le vernis de la sincérité. Cette discrétion est la clef de leur lecture : parviendra-t-on à tromper un lecteur « lettré », dont on réclame en même temps la complicité, parce qu'il est lui aussi pris au leurre des mots ? Si sincérité il y a, elle est dans la stricte application des règles du jeu poétique, où l'auteur et le lecteur sont soumis à la même morale.

Il y a donc une façon d'imiter les modèles qui, sous couleur d'en éterniser les prestiges, vise en fait à s'en débarrasser. On ne reprend les archétypes que pour en user, en épuiser les réserves, dans l'espoir de déboucher ailleurs, si possible. Il entre là autant d'irritation que d'admiration, autant de ruse que de bonne foi : « Je ne luite pas en gros ces vieux champions là, et corps à corps », écrit Montaigne (1-26 p. 147) à propos de ses modèles qui l'écrasent de leur gran-

(1) C'est le fameux *facit indignatio versus*.

deur, et contre lesquels il choisit, pour en finir avec eux, s'il le peut, l'art de l'esquive, une façon d'emprunter sans en avoir l'air, comme par oubli, et d'user de leurs dépouilles pour être enfin lui-même. On se rappelle : « Je ne dis les autres, sinon pour d'autant plus me dire. »

LES MOTS CONTRE LES MOTS

« Me dire » : ce « moi » (tout et rien) qui est la possession leurrée du sujet (« je suis moy mesme la matiere de mon livre », « c'est moy que je peins », lit-on dans le fameux avis Au Lecteur des *Essais*), se saisit donc comme un être fictif de langage, c'est-à-dire de fumée, qui, si belle soit-elle, dérobe à la vue le feu qui l'alimente. Les mots forment un réseau où le sujet est pris avant même d'avoir pu « vivre », et l'on a vu comment Montaigne confiait à son écriture-regard la mission de « sonder » cet écran pour en traverser les apparences et se réconcilier avec lui-même.

Ce faisant, il expérimentait un autre paradoxe, qui visait à se guérir des mots par les mots, à supprimer la distance au moyen de cela même qui l'instaure. Comment retourner la langue contre elle-même, par quel contre-usage s'en débarrasser sans pour autant la quitter ? On pressent des paroxysmes en germe dans cette exigence contradictoire (1) : la littérature en expérimentera jusqu'à l'épuisement toutes les fausses issues ; son « histoire » se composera des moments de cette exploration.

Les mots contre les mots : chez Montaigne, c'était appliquer au langage une règle qu'il disait convenir à sa conduite, et qui, là aussi, installait la ruse au cœur de la « bonne foy ». Si « l'imagination » est en chacun la puissance trompeuse qui

(1) J'ai donné le nom de *décriture* à ce mécanisme contradictoire, qui cherche à faire surgir dans le « decrire » le donner-à-voir, décrire étant alors une façon de désécrire au cœur même de l'écriture (*La perte des mots*, chap. VIII).

nous régit au point qu'il nous est impossible de lui échapper par quelque biais que ce soit, la seule façon de satisfaire cependant à la rage de franchise qui est aussi inscrite en nous et qui nous rend l'imagination insupportable, c'est d'user de celle-ci contre elle-même, de la retourner sur elle en mettant en œuvre des « contrepiperies », seules susceptibles d'annuler sa piperie. Par exemple, devant les « imaginations » qui nous rendent la maladie ou la mort insupportables, il faut susciter dans « l'esprit » (ce lieu de tous les fantasmes) d'autres « images » moins angoissantes qui se substitueront aux précédentes : on y gagnera « l'aise » d'un simulacre à défaut de la vérité de la chose (1). Le langage n'est lui aussi qu'une imagination parmi les autres : comment en jouer contre lui-même sinon en simulant son oubli, puisque nous sommes des êtres de discours ? L'oubli, qui sera d'abord essayé sur l'allocutaire, et l'on se rappelle comment Montaigne aurait voulu que celui-ci « n'aye aucune souvenance des mots » dont est fait son livre. Un de ses bonheurs était d'avoir « espandu », croyait-il, « des histoires qui ne disent mot » (I-40 p. 251) : le vrai sens des mots est leur silence en dessous, comme au langage des fleurs. Mais il existe une autre façon encore de tromper le langage par lui-même : c'est de se laisser emporter par lui sans y réfléchir, dans un mouvement qui prend l'allure de l'inspiration, et qui semble crever la surface des mots pour un face-à-face avec la vérité même : j'y reviendrai bientôt.

La langue dite « littéraire » sera commandée par cette stratégie qui, retournant les mots contre eux-mêmes, donne à croire qu'elle peut atteindre un état de nature, fait de simpli-

(1) C'est ce qu'exposent par exemple les chapitres I-14 et 20 : les « imaginations » stoïciennes sont réutilisées à une tout autre fin que « philosophique ». Montaigne cherche à se rassurer contre la mort, « fusse sous la peau d'un veau ». De même au chap. III-13 p. 1090-1095, il explique comment il fait jouer son « esprit » pour « piper » son « imagination » et calmer ses appréhensions de la maladie. Il fallut son accident de cheval, pour que la mort enfin « exercitée » perdît à ses yeux sa rigueur (II-6, De l'exercitation).

cité, de clarté, de spontanéité, qui ferait d'elle le double exact de ce qu'elle représente. Cette imitation de nature imitait en fait un état supposé premier de la langue, au plus près de l'expression directe comme dans la prose. C'est ce que Marot, plus tard imité par Du Bellay, avait tenté, lorsqu'il gommait dans ses vers les marques de la poésie, ou jouait celle-ci contre la prose. La langue contre elle-même, la prose contre la poésie : existait-il un comble de l'artifice, qui serait la Nature enfin retrouvée, une contre-imitation de l'imitation, qui produirait la chose même enfin ? Il suffisait peut-être de pousser la rhétorique si loin dans son retranchement, qu'elle finirait par s'exténuer, au moins dans la conscience de ses utilisateurs.

On tentera d'y parvenir par deux voies contraires. L'une l'emportera officiellement, si l'on peut dire, dans la mesure où elle mènera à l'art dit « classique » : on voudra supprimer dans la rhétorique tout l'excès, le « trop » (1) qui dans la langue l'offrait à la remarque ; on choisira dans les figures celles qui paraissaient le moins « figure » (en vertu de quels critères ? c'est une autre affaire). Comme des peaux qu'on racle pour les rendre translucides, on grattera la langue poétique de façon qu'elle semble n'être que le support purifié de la chose. Mais à cette pratique de la quintessence s'est opposée celle de la dépense en tous sens, telle que la gesticulation de Rabelais-Diogène en donne l'image : cette fois, l'excès d'imitation s'exerce à excéder l'imitation. V.-L. Saulnier a écrit naguère du *Pantagruel* que c'est un « chef-d'œuvre baroque » (2), l'opposant à ce qu'il appelait « l'art exact », celui qui l'emportera. Le mot peut surprendre, car la matière épaisse de Rabelais ne semble guère annoncer les raffinements chers à certains poètes de la fin du siècle, ni même les

(1) Les nombreux théoriciens de la langue au XVIIe siècle sont tombés d'accord pour condamner ce dépassement d'une « mesure » dont ils avaient bien du mal à fixer la norme. Un Bouhours notamment, dans sa *Manière de bien penser* (1687) s'y efforcera encore sans mieux y parvenir que ses prédécesseurs.

(2) Introduction au *Pantagruel*, Droz, 1965, p. XL-XLIV.

outrances des « irréguliers » qui leur succéderont, tous poètes qu'on a coutume de ranger sous l'étiquette commode de « baroquisants ». Ce qui les rassemble pourtant, c'est une volonté d'excès, un « forcènement » dans les images sanglantes ou macabres, dans la verve gracieuse ou libertine, comme si la violence du langage devait outrepasser la limite des mots et déboucher sur leur en-deçà ou leur au-delà réel. Le choc devait valoir pour preuve de vérité.

TRADUIRE, COMMENTER

Arracher la vérité au verbe pour en faire éprouver la présence jusqu'au lieu de son origine viscérale : cette tentation traversera les siècles jusqu'aux surréalistes au moins. Une désespérance l'anime dont la signification est claire : le langage que nous parlons ou écrivons est à tout jamais la traduction-trahison de l'origine. Babel n'a fait que consacrer l'ultime conséquence de la Faute : la *diaspora* des langues a réduit celles-ci à n'être que le support transitoire où les idées ne peuvent plus résider, mais passer. La traduction est leur fatalité, avec ce que cette opération comporte d'erreur, de perte ; elle est ce bord-à-bord de deux langues étrangères l'une à l'autre, mais que traverse une errante familiarité. *Unheimlichkeit* à ce niveau encore.

Certes, on avait déjà beaucoup traduit aux siècles antérieurs, sans que le passage du sens d'une langue à l'autre eût posé de notables inquiétudes : on avait admis qu'une sorte de principe d'équivalence réglait l'échange entre les langues, soit qu'on s'arrêtât au mot à mot, soit qu'on privilégiât la mise en évidence du sens, comme saint Jérôme l'avait recommandé (1). Les choses changent au XVIe siècle, parce que la

(1) La lettre fameuse de Jérôme à Pammachus a servi de référence aux traductions médiévales : Jérôme affirmait que le sens, objet de la traduction, pouvait être sauvegardé malgré la différence des langues.

résistance qu'offrent les langues fait apparaître qu'elles sont irréductibles entre elles et que leur matérialité interdit leur superposition simple. Chacune d'elles avait un « je ne sais quoi » intraduisible, qui condamnait à une inévitable déperdition du sens. Les hésitations d'un Du Bellay dans la *Défense et illustration* sont révélatrices : il concevait qu'on pût traduire les poètes pour nourrir « l'invention » des lieux communs, mais il condamnait qu'on le fît pour « l'élocution, partie certes la plus difficile » : l'essentiel de la poésie était là, non dans la réexposition des lieux :

> d'autant que chacune Langue a je ne sçay quoy propre seulement à elle, dont si vous efforcez exprimer le naif en une autre Langue, observant la loy de traduyre, qui est n'espacier point hors des limites de l'aucteur, vostre diction sera contrainte, froide & de mauvaise grace (1-5 p. 36).

L'« aucteur » est bien présent dans le corps de la langue et dans son maniement qui n'appartient qu'à lui : le traducteur échoue à reproduire cette incarnation des poètes, sauf à se substituer à eux et à trahir

> ceste divinité d'invention qu'ilz ont plus que les autres, ceste grandeur de style, magnificence de motz, gravité de sentences, audace & varieté de figures, & mil'autres lumières de poësie : bref ceste energie, & ne sçay quel esprit, qui est en leurs ecriz, que les Latins appelloient *genius* (I.6 p. 40). (1)

Ce *genius*, qui est dans le sujet-poète son double, sa vérité par-delà sa personne visible, ne fait qu'un avec sa langue ;

---

(1) Ed. Chamard, 1908, p. 19-20. Ecrivant cela, Du Bellay reprend « mot à mot » une affirmation de Th. Sibilet, dans sa Préface à sa traduction de l'*Iphigénie* d'Euripide (1549), texte important qui explicitait déjà les conditions nouvelles de la traduction.

personne ne peut se l'approprier. Directement perceptible par qui la lit dans l'original, cette unicité ne supporte aucun équivalent. C'est pourquoi la traduction, à laquelle il est pourtant impossible de renoncer, est toujours un acte de re-création, d'invention, par lequel un autre poète se dit à son tour. Du Bellay en a fait l'aveu stupéfiant dans la seconde Préface de son *Olive* (1550) :

> si en mes poësies je me louë quelques fois, ce n'est sans l'imitation des anciens (...) Et puis je me vante d'avoir inventé ce que j'ay mot à mot traduit des autres (...) Je ne me suis beaucoup travaillé en mes ecriz de ressembler aultre que moymesme.

On n'est soi-même qu'en trahissant les autres, si bien que la malédiction des langues est la chance de chaque poète : elle permet à ses vers de ne jamais redire quoi qu'ils disent.

La vraie traduction est donc ce qui peut arracher l'imitation à cette fausse comédie où l'on va du pareil au même. La chose est possible parce que toute parole est para-bole, « parole à côté ». La *diaspora* n'a pas seulement commandé la foison des langues, mais à l'intérieur de chacune d'elles, le mouvement qui les projette en dérive ou en arabesque. On « s'entretient » avec les autres ou soi-même parce que chaque propos appelle une réplique, qui en est la reprise, c'est-à-dire la traduction dissimulée, ou encore l'imitation sous forme de commentaire. Du moment où les langues ont perdu leur évidence originaire, il va de soi que la glose est la raison nécessaire de leur relance, de leur « moutonnement » comme dit M. Foucault. Le commentaire, jeu des mots mis à part, est toujours un texte-comme, qui s'attache à percer le mystère de ce vivant qui dans tout texte fait obstacle au sens. Socrate l'avait le premier perçu, lorsque, pour vérifier l'oracle qui le donnait pour le plus sage des hommes, il enquêta auprès des poètes sur leurs œuvres :

> Je leur demandai ce qu'ils avaient voulu dire (...) J'ai honte, Athéniens, de vous dire la verité (...) De tous ceux qui étaient là présents, il n'y en avait presque pas un qui ne fût capable de rendre compte de ces poésies mieux que ceux qui les avaient faites. (1)

Socrate en concluait la sottise des poètes, bien à tort, car il semblait ne pas comprendre que l'essence de la pensée dans son exercice consiste peut-être à commenter, à paraphraser, et que la fonction des textes est d'ouvrir à d'autres textes, d'appeler une parole complémentaire, qui n'en finira jamais d'en « rendre compte », c'est-à-dire de suppléer à ce qui dans la présence originaire fait toujours défaut. Lorsque Montaigne, au chapitre *De l'amitié*, ne veut voir dans sa prose que « crotesques et corps monstrueux » destinés à entourer le « tableau élabouré » qu'il voulait emprunter ici à son ami La Boétie (2), ou ailleurs aux Anciens, que fait-il sinon marquer le décalage qui existe entre son texte et ces autres, dont la perfection le séduit autant qu'elle l'irrite, parce qu'elle impose l'énigme éclatante du Verbe et dont le sien à son tour prend l'heureuse relève ?

COMPARER

Imiter, traduire, commenter : sur cette chaîne des équivalences, dont on pressent qu'elle doit filer elle aussi dans l'indéfini de toute dérive, on ne s'étonnera pas de trouver encore « comparer », qui est une façon d'imiter les mots dans les mots, de se laisser aller – par quelle nécessité ? – au jeu des

---

(1) *Apologie de Socrate* 21 a-c. Je cite dans la traduction que donne F. Ponge (*Le grand recueil. Méthodes*, Gallimard, 1961, p. 28). On lira avec intérêt le commentaire que Ponge donne de l'origine de tous les commentaires, telle qu'on la trouve ici dans la bouche de Socrate.

(2) Je renvoie, bien sûr, au tout début de ce chapitre célèbre.

doubles, par quoi l'être-comme de la « comme-unité » cherche à se saisir dans la diffraction de ses figures du langage.

Le passage de l'allégorie à la comparaison a marqué l'entrée de la littérature dans son âge moderne. L'allégorie médiévale n'était pas, malgré son étymologie, le « discours de l'autre », mais la redite figurée du même ; poursuivant un dessein pédagogique, elle usait d'une représentation concrète pour renvoyer à un pesant de vérité qu'elle prétendait ne jamais excéder, et auquel il était toujours possible de faire retour (1) ; elle composait un réseau de signes épuisables, dont la répétition rassurait en réassurant le sens. La comparaison (et à un degré plus énigmatique encore, la métaphore) souligne à l'inverse l'infirmité des mots à saisir les choses ; elle projette en dérive d'exil le sens sur une ligne indécise, indéfinie d'analogies, sur laquelle il est menacé de sa perte (2). Elle est le soupçon à l'œuvre dans la langue frappée d'« arbitraire », ou encore la folie inscrite en elle, la folie du passage qui transporte, transfère le sens, toujours impropre quelque part, d'une signification à l'autre, dans une errance que ne prescrit aucun retour cette fois à un terme obligé.

C'est ce que les poètes du temps ont tout particulièrement compris. D'où vient leur acharnement à décrire, détailler sans fin les « beautés » de leur dame, à morceler leur corps, disais-je plus haut, en d'infinies parcelles de lumière, sinon parce qu'ils sont pris au défi que leur lance les mots dont ils savent qu'ils ont la propriété d'être toujours impropres et de

---

(1) Ronsard en a donné une très juste définition : « Car la Poësie n'estoit au premier aage qu'une Theologie allegorique, pour faire entrer au cerveau des hommes grossiers, par fables plaisantes et colorées, les secrets qu'il ne pouvoit comprendre, quand trop ouvertement on descouvroit la verité » (*Abrégé de l'art poétique*, O.C. II, p. 996). Ce « premier aage » était pour lui celui d'Homère et de ses successeurs jusqu'à lui, à peu de choses près !

(2) Tout ceci est bien sûr trop hâtif : il y a comparaison et comparaison ; il y a celle qui pense fixer la vérité de la chose par une image qui l'illustre ; il y en a une autre qui est poursuite du sens fuyant. Je désigne moins ici la structure formelle d'une figure, repérable par la présence du « comme », que l'intention qui la pousse à sa perte. J'ai abordé cette question dans un article déjà ancien, « Les comparaisons dans les *Essais* » (*Revue d'histoire littéraire de la France*, 1966).

relancer qui les scrute dans l'inquiétante infinitude de la chaîne métaphorique :

> Quand au matin ma Déesse s'abille
> D'un riche or crespe ombrageant ses talons,
> Et que les retz de ses beaux cheveux blondz
> En cent façons ennonde et entortille,
> Je l'accompare à l'escumiere fille...
> (*Amours de Cassandre*, sonnet 41)

Cassandre n'est pas Cassandre, mais « ma Déesse » (1), dont la beauté ne s'approche qu'à « l'accomparer » à « l'escumiere fille », Vénus elle-même innommable. Et les « beaux cheveux blondz » qui la vêtent d'« or », comme au *Printemps* de Botticelli, composent aussi bien les raies de ses nattes que les rides de l'onde, ou le réseau d'un rets ou les rais du soleil. La poésie commence au moment où le poète, lui-même pris aux « rets » des rayons de la langue, en refuse les stéréotypes où chacun croit entendre l'autre, pour s'aventurer dans la quête d'un « propre » que le « figuré » lui tend comme un leurre. Avec Ronsard, mais déjà avec Scève, la poésie a conscience d'être par essence ésotérique, « savante » d'une « science » qui échappe au « vulgaire », car elle fuit le sens commun : « science » de la langue, de ses replis, de ses équivalences qui repoussent toujours le sens dans une dérive aussi délicieuse que désespérante. Ronsard, a-t-on dit, est « amoureux de l'amour » (2), mais bien moins encore que de la poésie dont la nature est, comme celle du sujet poète avec qui elle se confond, d'échapper toujours à toute prise.

---

(1) « Ma douce Helene, non, mais bien ma douce haleine » : ainsi commence le troisième des *Sonnets pour Hélène* : à l'origine du poème on trouve toujours ce refus du propre et de la nomination simple, sur quoi repose l'illusion du sens. Scève a explicitement pratiqué lui aussi ce refus de la nomination.

(2) F. Desonay, *Ronsard poète de l'amour*.

A moins qu'il n'y ait une autre façon de comparer, qui nous arracherait au cercle de la redite ou à la ligne de fuite. Montaigne, on le sait, ne prisait guère la « glose » qui s'ente à l'infini sur elle-même (« nous ne faisons que nous entregloser... ») ; si lui-même cite abondamment, il se garde de commenter, il « comme », et c'est tout autre chose : « Si je ne comme bien, qu'un autre comme pour moy » (I-21 p. 105). Rendons-lui la paternité de ce néologisme, sur lequel ses lecteurs ont passés, méconnaissant la nouveauté de ce qu'il « essayait » (1). Cet art de « commer », c'est-à-dire de placer des « comme » convenables entre les mots, entre les choses, ne relevait en rien de l'artifice rhétorique, de l'ornementation, du déguisement ou de l'illustration ; il brisait aussi avec les « similitudes » que s'autorisait l'école pour les nécessités ludiques de ses disputes intellectuelles (2). Devant la fuite du sens exilé, qui entraînait les poètes aussi derrière lui, il tentait un contre-jeu, imitant cette dérive pour en fixer la trace et si possible la maîtriser.

Dans la masse des textes et des témoignages, tout cela qui forme « l'expérience » vécue ou relatée, n'y aurait-il pas des marques de ressemblance qui permettraient de réapparier le monde éclaté ? L'ère de la *mimèsis* coïncide avec celle de la *diaspora* : les sommes antérieures s'écroulent, laissant derrière elles une poussière de textes épars, de sentences, de récits, entre lesquels (car on ne renonce pas aisément à l'idée que le monde forme un système de similitudes) la tâche de l'écrivain moderne est de trouver des relations nouvelles ; il faut refaire avec l'expérience un autre « récit », réécrire avec

(1) Le sens ordinairement donné à ce terme par les commentateurs de Montaigne est « commenter », comme s'ils ne craignaient pas de se reconnaître dans ce qu'il rejetait.

(2) « Il est justement permis aux escholes de supposer des similitudes, quand ilz n'en ont point. Je n'en fay pas ainsi pourtant, et surpasse de ce costé-là en religion superstitieuse toute foy historialle » (I-21 p. 106).

ses morceaux un nouveau « centon », un manteau d'Arlequin, cousu d'un autre fil (celui du « comme » avec une valeur de lien ontologique), que celui des anciens discours philosophiques, théologiques, scientifiques – c'était presque tout un.

La force de Montaigne fut de donner de l'intelligence à une littérature mineure de son temps, laquelle s'appliquait comme lui à recomposer l'ensemble de la Bibliothèque : pratiquant une lecture transversale, elle produisait nombre d'ouvrages où étaient compilés sentences et thèmes : livres de « leçons », recueils de « lieux », où l'on regroupait des îlots de savoir (1). L'humilité de ces ouvrages était la sienne. Il y en avait eu de plus ambitieux, tels les *Adages* d'Erasme (1500-1508), dont le succès considérable tint au fait que chaque sentence commentée permettait de citer les textes où l'on en trouvait la formulation. Montaigne a reconnu la trace laissée sur lui par cet ouvrage ; toutefois son « commer » est autrement subtil :

> Aussi en l'estude que je traitte de noz mœurs et mouvemens, les tesmoignages fabuleux, pourveu qu'ils soient possibles, y servent comme les vrais : Advenu ou non advenu, à Paris ou à Rome, à Jean ou à Pierre, c'est tousjours un tour de l'humaine capacité, duquel je suis utilement advisé par ce recit. Je le voy et en fay mon profit et egalement en umbre qu'en corps. Et aux diverses leçons qu'ont souvent les histoires, je prens à me servir de celle qui est la plus rare et memorable. Il y a des autheurs, desquels la fin c'est dire les evenemens. La mienne, si j'y sçavoye advenir, ce seroit dire sur ce qui peut advenir (I-21 p. 106-107).

Texte surprenant de hardiesse : l'imitation se creuse au point qu'elle ne s'intéresse plus qu'au geste auquel elle

(1) Montaigne ne méprisait nullement ce genre de livres où il a souvent pris sa propre marchandise : « Ce sont des esprits qui se font voir par ailleurs et par là, comme Lipsius en ce docte et laborieux tissu de ses politiques » (I-26 p. 148).

s'oblige. « Advenu ou non advenu » : l'espoir de saisir les choses avec les mots est quasi délaissé ; s'il se réalisait, Montaigne s'y tiendrait-il encore, puisque son intérêt le porte à comprendre les règles de la folie qui suscite les « monstres et chimères fantasques », ce « tour de l'humaine capacité » capable de tout ? L'important désormais est de découvrir la règle du dérèglement, la vérité de l'erreur, qui ne se laisseront capter que si l'on fait semblant de s'y laisser prendre tandis qu'on les reproduit. Le « commer » dresse le tableau des équivalences, qui donne l'intelligence des « tesmoignages » et transforme le simple dire en un dire-sur. Singer la singerie universelle est la seule façon de contrer son empire en se l'appropriant, et donc de lui échapper.

Moyennant quoi, on peut espérer trouver les relations qui fondent les similitudes, et combler les écarts, le vide sur quoi l'expérience atomisée repose. Par conséquence, le sujet remplira aussi l'espacement que, s'installant dans la langue, il avait redoublé en lui-même : les mots dans les mots, les mots contre les mots. S'il est vrai que nous ne sommes que babil, peut-être en rendra-t-on l'inanité tolérable, si l'on détient les lois de sa production folle. Il y suffit de la « bonne foy » ourlée de patience.

CHAPITRE V

LE SUJET DE L'INSPIRATION

L'IVRESSE (1)

Une patience que récompense parfois des richesses inattendues. Encore faut-il avoir su passer le dernier obstacle, de tous le plus redoutable.

Reprenons à nouveau le fil interrompu de notre Prologue rabelaisien : nous en étions au moment où l'auteur, Janus à double face mimétique, singeait la gesticulation d'autrui. Or tout soudain, il s'immobilise : un troisième suspens, après ceux de l'exclusion, puis du regard, interrompt le mouvement forcené où tout à l'heure il avait trouvé refuge ; la morale provisoire est brutalement remise en cause, parce qu'une nouvelle question surgit, imprévue, que pose le retour intempestif de la lucidité :

> A ce triballement de tonneau que feray je en vostre advis ? Par la vierge qui se rebrasse, je ne sçay encores (l. 153-155).

C'est la question radicale du pourquoi ?, de l'à quoi bon ?, à laquelle aucune réponse n'est prête. Tout va-t-il bas-

(1) On lira avec le plus grand intérêt, sur la question que j'aborde ici, le livre de Terence Cave, *The cornucopian text*, Oxford, 1979.

culer à nouveau, et définitivement cette fois, sans possible recours ailleurs ? Et pourtant – ignorance, oubli ou dissimulation – cet ailleurs existe bel et bien et le miracle arrive :

> Attendez un peu que je hume quelque traict de ceste bouteille : c'est mon vray et seul Helicon, c'est ma fontaine Caballine, c'est mon unicque Enthousiasme (l. 155-157).

Il y a du mystère dans tout cela. Où était-elle donc « mussée », cette bouteille providentielle ? De quel retrait, nulle part signalé, est-elle maintenant retirée ? On s'en souvient, du « naufrage de Mal'Encontre », rien n'avait surnagé que le « tonneau », sans doute parce qu'il était vide. Or voici que notre histrion devient prestidigitateur ; il fait surgir d'on ne sait où « ceste » bouteille désormais évidente pour nous tous, les badauds, et il y puise l'elixir du salut, qui va donner contenu au tonneau et contenance au buveur :

> Icy beuvant, je discours, je resoulds et concluds. Après l'epilogue je riz, j'escripz, je compose, je boy (l. 158-159).

Un résultat est en tout cas acquis : le tonneau reprend son « triballement », mais l'énergie qui le tournevire n'est plus celle du conformisme mimétique : « l'Enthousiasme » (c'est « Dieu en nous ») l'emplit jusqu'au débord d'une profusion que plus rien jamais ne limitera :

> Ainsi demeurera le tonneau inexpuisible. Il a source vive et vene perpetuelle. Tel estoit le brevaige contenu dans la coupe de Tantalus (...) C'est un vray Cornucopie de joyeuseté et raillerie. Si quelque fois vous semble estre expuysé jusque à la lie, non pourtant sera il à sec. Bon espoir y gist au fond, comme en la bouteille de Pandora : non desespoir, comme on bussart des Danaides (l. 255-265).

Nous voilà donc sauvés par un don gratuit, une grâce

inexpliquée des dieux, seuls prestidigitateurs en l'occurrence. Ils s'en étaient allés, les voici revenus à l'improviste, changeant la folie de l'écrivain en ivresse ; le supplice de Tantale et des Danaïdes, ces grandes figures de réprouvés, au rang desquels Rabelais-Diogène était sur le point de compter, se transforme en munificence ; la coupe du premier ne refuse plus son liquide aux lèvres de l'assoiffé, et le tonneau des secondes, au lieu de se vider par le fond, laisse échapper un trop-plein, comme la corne d'abondance, don de Jupiter à sa chèvre nourricière, qui permettait à son possesseur de satisfaire tous ses désirs. Il n'est pas jusqu'à la « bouteille » de Pandore qui, au lieu de contenir, comme dans la fable grecque, tous les malheurs de l'humanité, n'abrite maintenant la réserve de « Bon espoir ». Le sens de la vie s'est inversé : le mal est devenu bien, la condamnation récompense, le vide plénitude.

Il en va encore ainsi de l'imitation elle-même, car on imite toujours, du moins il le semble, et non seulement Pandore ou les Danaïdes métamorphosés : le mouvement que reprend le tonneau s'inspire d'autres modèles, mais avec eux c'est autre chose :

> Ennius beuvant escrivoit, escrivant beuvoit. Aeschylius (...) beuvoit composant, beuvant composoit. Homere jamais n'escrivit à jeun. Caton jamais n'escrivit que après boyre. Affin que ne me dictez ainsi vivre sans exemple des biens louez et mieulx prisez (l. 160-165).

Diogène, le précédent « exemple », faisait sonner à la folie le vide de ses grelots ; au mieux sa parodie des autres était morsure de chien (1). Le voici remplacé par des écrivains, et pas n'importe lesquels, ceux de l'origine, Ennius, Eschyle, Homère, et même Caton, le père de la rigueur romaine.

(1) D'où, on le sait, son surnom de « cynique » : sur sa tombe, les Athéniens avaient placé un chien en marbre, pour signifier la valeur négative et négatrice de son passage sur terre.

Mais qui retrouve l'origine n'imite pas : il est remis aux sources de l'écriture poétique, où la vérité a quelques chances d'être intacte.

L'INSPIRATION DU VENTRE

La fable est belle : le rire inspiré par la beuverie naît au moment où l'absurde allait l'emporter ; il naît non d'une dérision de l'absurde qui s'emporterait d'elle-même, mais d'un don gracieux, qui, s'il ne met pas fin à l'exil, transforme l'errance en découverte, le « désespoir » en « Bon espoir ». L'arrachement à la fascination mimétique (ou du moins l'inversion de son sens, puisque imiter l'origine est un non-sens) ne pouvait pas se produire sous l'effet d'une nécessité ou d'une logique internes : il y fallait une intervention extérieure. Telle est l'une des leçons de ce scénario, qui a ménagé, au pire des moments le suspens du *deus ex machina*, ce dieu sorti de la bouteille, qui redonne à l'écrivain sa vocation première, perdue.

On croit cependant reconnaître le thème : celui de l'inspiration, ou encore de l'improvisation heureuse, qui bouleverse l'ordre en place du discours et brise la répétition. Le thème appartenait depuis longtemps à la rhétorique : au livre X de son *Institution oratoire*, Quintilien avait su lui ménager une place dans sa théorie, bien que l'inspiration échappât à toute théorie. Il en faisait un « don de l'instant » *(temporis munera)* (VI-6) qu'il fallait savoir accueillir ; mais ce don, tout divin qu'il parût, relevait en fait de la mémoire : le bon orateur était celui qui avait accumulé dans ce magasin des « trésors » à déverser soudain sans y penser (1). Le thème avait pris une coloration plus religieuse et métaphysique grâce au néo-platonisme divulgué par Marsile Ficin : la théorie des

(1) Cf. Cave, chap. I-4, p. 126-134.

quatre « fureurs » en était l'expression la plus concrète, et l'on sait combien souvent Ronsard et ses amis y eurent recours, pour se démarquer de l'école marotique (1) : les Muses étaient les inspiratrices de la fureur poétique, la première de toutes ; puis venait Bacchus, dieu du Vin et des mystères religieux avec son cortège de Bacchantes. Bien qu'il ne le nomme pas ici, Rabelais ne fait référence qu'à ce dieu de la « liqueur exstatique » : la poésie est d'essence religieuse ; l'inspiration peut aussi être le fruit de la grâce chrétienne, mystérieusement accordée, sans apparente justification, à ceux que Dieu a élus dans sa secrète Providence : notre fable dirait peut-être la joyeuse prédestination de quelques élus chargés de rassembler dans leur sillage les vrais « pantagruélistes », c'est-à-dire tous les « beuveurs de la prime cuvée et goutteux de franc alleu » (l. 267-268), toutes gens de « bon, franc et loyal couraige » (l. 235) : il y a en effet de la générosité dans le courage et la franchise avec lesquels on a accepté les dangers de l'exil : la « bonne foy » montaignienne résumera discrètement toutes ces vertus.

Ces diverses inspirations se mêlent pour composer notre Prologue, où s'annonce une poésie de l'accueil sans réserve à la nouveauté de l'inspiration. Ce thème animait déjà le Prologue du *Gargantua*, antérieur d'une dizaine d'années ; mais la question était celle du sens à donner aux « billevesées » d'un pareil livre : feignant de s'en remettre au système médiéval du commentaire, qui pensait maîtriser le sens en le distribuant en plusieurs niveaux, l'« auteur », dans un soudain éclat d'ivresse insolente, envoyait ces songeries se faire ronger par le premier chien venu, amateur d'« os medullaire » ; après quoi, il déclarait n'avoir jamais écrit, tout comme Homère, déjà mis à contribution, qu'en état de saoulerie, et laissait libre le lecteur d'interpréter « en la perfictissime partie », pourvu que sa lecture du livre fût aussi joyeuse

(1) Cette théorie des quatre fureurs sera exposée par Pontus de Tyard, qui fut l'un de la Pléiade, dans son *Solitaire premier* (1552).

que sa composition (1) : le sens ne résultait pas d'une science du texte, mais d'une inspiration symétrique à celle de l'écriture. Les « caphars » dévots ne manqueraient pas pour enchâsser l'os comme si c'était relique pleine de suc. Notre Prologue remonte à la source de tant de « joyeuseté », seul fondement du sens ; il justifie l'écriture-lecture.

Dans la répétition diogénique, la mort œuvrait avec insistance : coupé de son sol nourricier, le sujet fasciné simulait le retour à l'état antérieur. Dépensée en pure perte, son énergie s'épuisait à reproduire des modèles pour lui épuisés. Mais lorsque « l'inspiration » surgit, l'enflure cadavérique du tonneau devient embonpoint de la corne d'abondance, et l'exil mortifère exploration de la nouveauté. L'appétit vital est retrouvé, il redonne au sujet la tension du désir, cette « source vive et vene perpetuelle », qui permet à l'« invention » de s'inventer elle-même : car elle ne sera plus la redite des lieux communs, ainsi que la rhétorique l'avait conçue, mais la formulation de l'inédit, l'expression de ce qu'on nomme déjà « progrès » ou « profit ».

Quoi d'étonnant si tant d'effervescence subite se produise dans l'explosion du rire, qui inscrit sa rime dans l'écrire qui le suscite ? Le rire purge certes les anciennes humeurs chagrines et donc maladives, parce qu'il interdit le retour de l'autre langage, dans lequel ces humeurs s'exprimaient : le rire coupe court à la parole usuelle, mais surtout il est à lui seul une autre parole, un second langage, antérieur à celui qui répète et reproduit, c'est le langage natif retrouvé de celui que l'exil ouvre maintenant à la vie. Il ne sort pas de la gorge ou de la tête, mais du ventre, des abysses corporels ; c'est le langage

(1) Ce Prologue vient de donner lieu à débat entre rabelaisants : les uns (M.A. Screech, G. Defaux) ne voient nulle contradiction entre ses deux parties ; les autres (T. Cave, F. Rigolot, M. Jeanneret) soulignent sa « pluralité » « indécidable ». Ce Prologue pose sans ambages la question du sens : d'où vient-il ? Qui l'autorise ? Mais il n'apporte aucune réponse ; en quoi il est fort inquiétant. « L'auteur » joue le jeu du Socrate-Silène des premiers dialogues platoniciens, qui enleve au lecteur ses certitudes, sans lui en apporter la moindre en retour.

du tonneau qui se remplit par le bas, et que l'autre langage avait refoulé, langage du « bas populaire », comme Bakhtine l'a justement mis en lumière. Le mouvement spasmodique par lequel il fait irruption, secouant les panses, met en déroute les fausses hauteurs spirituelles, et c'est en quoi il est bien le propre de l'homme, qui découvre maintenant qu'il est en premier lieu son corps, là où réside la présence pleine qu'il cherchait au-dehors (1).

L'inspiration souffle par le bas, le rire, vraie voix des dieux, sort de l'antre-ventre (2) ; sa vérité se prouve au fait que le bon rieur ne saurait mentir : son rire ne se commande pas, il jaillit de et dans l'évidence. « Messere Gaster » est le seul « Maistre es arts » auquel on puisse faire confiance : il est la vraie science, la force qui renouvelle la face du monde. « Et tout pour la tripe ! », encore une fois, mais avec un autre sens : l'émotion incluse dans le rire n'est plus l'appel à un au-delà des mots ; elle fait corps avec eux, elle est leur corps même, leur matérialité, où la Présence se manifeste du fait même qu'elle agit et fait vivre, fait rire. Les mots sont la tripe, la tripe c'est le mot : l'espacement, l'écart ont disparu. La joie de la création, le jaillissement de la spontanéité signent la réconciliation du sujet avec lui-même, avec sa langue. On comprend dès lors que le pantagruéliste, qui paie de sa personne même, exclue de ses rangs les mainteneurs sourcilleux, avaricieux du langage en place : les « geants doriphages avalleurs de frimars », ces « paroles gelées » dont ils défendent le mensonge, les « cerveaulx à bourlet grabeleurs de corrections », ces faux savants qui dans leurs taupinières glosent le même pour asseoir leur pouvoir ; ou bien les « Caphars », spécialistes de la « contrefaçon » (l. 274-279), ces

(1) Si « le rire est le propre de l'homme », c'est que celui-ci a sur Dieu le privilège d'avoir un corps. Dieu ne rit pas, mais à l'homme il envoie le rire, qui est la manifestation sensible de sa grâce, dont lui-même n'a pas non plus besoin.

(2) Comme dans la fin du *Cymbalum Mundi*, où, dans une lettre trouvée par hasard, le héros peut lire la voix même des Antipodes, qui sort du ventre de la terre pour des oreilles qui sont incapables d'y rien entendre.

professionnels de la mauvaise foi, qui ignorent l'abandon, le don de soi à la chaleur de la parole vraie, et qui, tels les « magistrats » de tout à l'heure, refoulent au nom de leur droit sur la vérité la voix chtonienne. L'écriture vraie n'est pas soupçonneuse, elle est à chacun son soleil (1) :

> Arrière, mastins ! Hors de la carrière, hors de mon soleil,
> Cahuaille au Diable... (l. 280-281).

LE VENTRE DES MOTS

La Présence parle donc, elle est voix ; elle insuffle une « copie » qui n'est pas le double mortifère des choses, mais cette abondance, ce nombre, dont la rhétorique avait de tout temps su reconnaître la vertu. Toutefois il s'agit maintenant d'autre chose, non pas de faire illusion par la splendeur d'un verbe qui masque la réalité, mais d'entraîner par la vertu d'une verve qui est la vérité sortant du ventre même des mots : la voix prend alors, pour qui sait en retrouver la force, le relais du rire au point de son extinction.

Voilà qui en son temps n'allait pas forcément de soi : le moment venait où les textes écrits – imprimerie impose ! – submergeaient le monde, où l'oralité devait s'effacer, qui avait été le support obligé de la poésie. Paradoxalement, la rhétorique, redécouverte dans Cicéron et Quintilien, refaisait surface alors qu'elle devenait de moins en moins nécessaire. La voix, menacée de perte par l'écriture et la lecture silencieuses, semblait s'enfoncer dans les plis d'une viscéralité ténébreuse. Comment capter cette voix de la Présence dans l'écrit, comment en garder, plus que la trace, la grâce même qui est le geste du Dieu en nous ? Il faudra recourir à de

(1) Ou sa merde, comme il apparaît déjà au *Gargantua*, dans le fameux épisode du « torchecul ». Il n'y a rien là de contradictoire : du corps, même dans ses fonctions les plus méprisées, vient la lumière du plaisir, sans laquelle rien de vrai ne s'accomplit, et notamment la poésie.

nouveaux leurres, qui n'apparaîtront tels qu'à la longue : la « littérature » vivra de s'y laisser prendre.

Le premier de ces leurres consiste à pasticher l'oralité dans l'écriture, ce dont tous les prologues rabelaisiens sont les témoignages les plus époustouflants qui aient jamais existé. Mais ce mimétisme rhétorique ne se prend pas au sérieux, ailleurs même que chez Rabelais, et il trahit plus la nostalgie de la voix qu'il ne traduit sa présence. Je pense à deux autres tentatives, par lesquelles le leurre a vraiment pu faire illusion ; chaque fois il s'est agi de ménager à l'intérieur du texte un effet de relief, de creuser en lui un retrait d'où l'écrivain crée l'illusion que la Sibylle parle en lui.

La première de ces tentatives recouvre ce qu'on peut définir comme étant l'exercice systématique de la digression provoquée. Peut-être la littérature du XVIe siècle n'a-t-elle pas eu là de caractéristique où elle se soit mieux cherchée et reconnue. Déjà Erasme s'accordait sur ce point avec Budé : l'essentiel dans l'écriture, ce sont les échappées qu'elle permet dans « les verts gazons des digressions » (1) ; les *Adages* lui en avaient donné l'occasion multipliée. Mais c'est Montaigne, bien sûr, qui a le plus explicitement cultivé la digression comme si elle était l'espace laissé dans l'écriture à la parole vive. On sait combien pour lui, qui rêvait de produire « des essais en chair et en os », l'écriture ne fut jamais qu'un pis-aller. Le meilleur de lui-même, croyait-il, résidait dans les escapades de la conversation ou de la « conférence » bien menée ; il déplorait que ses plus riches « resveries » lui vinssent ainsi à l'improviste :

> Mon ame me deplait de ce qu'elle produict ordinairement ses plus profondes resveries, plus folles et qui me plaisent le mieux, à l'improveu et lors que je ne les cerche moins ;

---

(1) *Digressionum virecta.* C'est l'expression d'Erasme dans l'une de ses lettres à Budé.

> lesquelles s'esvanouissent soudain, n'ayant sur le champ où les attacher : à cheval, à table, au lit (III-5 p. 876). (1)

Mais il a beau déclarer :

> Je parle au papier comme je parle au premier que je rencontre (III-1 p. 790),

il sait bien que la parole transcrite est déjà morte et que l'écriture scelle l'écart qui fait de tout livre un tombeau. Pour s'en sortir, Montaigne a inventé une sorte de pieux stratagème, auquel il se laisse prendre, dans les limites indécises de la ruse et de la « bonne foy » : ce qu'il appelle « essai », dans sa forme au moins, n'est rien d'autre en effet que le dispositif d'une mise en perspective, qui doit dessiner dans l'écrit le relief où la parole vraie se distinguera de l'autre, celle du ressassement. On sait que chacun des chapitres de son livre sont faits d'une collection d'exemples, de pensées, d'expériences empruntés : il lui faut cette assise, ce socle pour que jaillisse soudain l'inspiration de la parole « improveue », qui tire sa vérité de cette soudaineté (2). Alors, la langue s'anime, courant de métaphore en métaphore, comme s'il fallait cueillir les mots à l'instant de leur nativité, avant qu'ils retombent refroidis dans la gangue du langage ordinaire (3). Montaigne

(1) Ou encore : « L'occasion, la compaignie, le branle mesme de ma voix, tire plus de mon esprit, que je n'y trouve lors que je le sonde et employe à part moy. Ainsi les paroles en valent mieux que les escripts, s'il peut yavoir chois où il n'y a pas de pris » (I-10 p. 40).

(2) A y regarder de près, les chapitres des *Essais* suivent toujours un ordre logique clairement indiqué, mais recouvert soit par les digressions, soit par les ajouts postérieurs, qui sont autant de digressions tardives. Il en va ainsi même dans les chapitres complexes du livre III.

(3) Un exemple frappant de cette stratégie nous est donné au chapitre *Des noms* (I-46) : après « une galimafrée de divers articles », chaque fois précédés d'un « item » qui souligne le côté mécanique de l'opération (il s'agit d'une compilation portant sur les noms), brutalement, au moment où l'on avait platement fini de conclure, l'inspiration jaillit : « Mais cette consideration me tire par force à un autre champ. Sondons un peu de près, et, pour Dieu, regardons à quel fondement nous attachons cette gloire »... (p. 279). Il fallait tout cet échafaudage pour déboucher sur cet « autre champ », qui est celui de l'oralité oraculaire.

n'est jamais si sûr de lui, que lorsqu'il se sent débordé par ses inventions, au point de n'y plus rien comprendre :

> J'auray eslancé quelque subtilité en escrivant (...), je l'ay si bien perdue que je ne sçay ce que j'ay voulu dire : et l'a, l'estranger descouverte par fois avant moy (I-10 p. 40). (1)

Ce trait lui rappelle Socrate avec ses « ecstases et ses demoneries », bien qu'elles lui soient « fascheuses à digerer » ; toutefois en ce héros de la seule parole, son « démon »

> estoit à l'adventure certaine impulsion de volonté, qui se presentoit à luy sans attendre le conseil de son discours (I-11 p. 44).

Telle est bien l'inspiration : traversant l'écriture toujours raisonnable, un vouloir-dire s'impose, qui simule la voix, bien que nous n'ayons pas en fait quitté la plume d'un saut. La stratégie consiste à tirer du ventre de l'écriture la spontanéité de la parole, parce qu'il y a une façon d'être attentif aux mots de la banalité, de les re-marquer, qui force leur matérialité et tire de celle-ci des accents inouïs. « Rendre l'initiative aux mots », dira Mallarmé, lui aussi attentif à l'écoute des mots dans les mots. Tout à l'heure, le sujet-écrivain, contraint au désengagement de l'esthétique, découvrait le plaisir de jouer avec la littérarité ; maintenant de ce plaisir, nullement désavoué, naissent des significations imprévues, neuves, qui en justifient l'exercice. Le tonneau diogénique est encore, nous dit Rabelais, le « rameau d'or » (l. 257)

(1) Ou encore : « Moy qui suis roy de la matiere que je traicte (...), Je hasarde souvent des boutades de mon esprit, desquelles je me deffie, et certaines finesses verbales dequoy je secoue les oreilles ; mais je les laisse courir à l'adventure » (III-8 p. 943). Lire encore II-12 p. 566.

donné par la Sibylle à Enée pour le guider dans sa descente aux enfers ; il symbolisait les vingt-trois lettres de l'alphabet, source de « l'inspiration divine », qui sera accordée au

> devot amateur & contemplateur de vertuz, laquelle principalement gist en lettres & bonne science.

Telle était la valeur symbolique prêtée à ce « rameau » par Geofroy Tory dans son *Champfleury* (1529), dont on sait que Rabelais l'avait lu de très près. Le Prologue du *Tiers Livre*, qui nous a jusqu'ici servi de « rameau d'or », ne détient-il pas lui aussi le don de faire entendre autre chose que ce qu'il signifie, non pas quelque « plus haut sens » médullaire, mais un vouloir-dire inscrit dans la polyvalence de ses phrases : le sens y abonde à tout venant, parce que la verve y procède du pouvoir qu'a la langue de se générer, de s'inventer pour le plaisir de ses acteurs.

MIMER, RYTHMER

A vrai dire, la vertu de la digression consiste moins sans doute à révéler des idées neuves (l'empire du lieu commun est sans limites), qu'à manifester l'action d'une force obscure, contrainte au langage pour signifier qu'elle existe. Les mécanismes repérés par la psychanalyse prouvent ici leur pertinence, bien que notre « sujet de la littérature » n'en relève pas directement : il en est le support par défaut.

Pour rendre sensible cette force inhérente à la langue, une seconde tentative fut celle expérimentée particulièrement par les poètes. Il fallait cette fois exprimer la « Nature », la « suivre », moins en reproduisant ses manifestations visibles, qu'en épousant par la langue ce qu'elle recèle de plus secret, à savoir son mouvement, sa dynamique. Il fallait non plus l'imiter, mais en mimer le rythme. L'imitation, on l'a vu, était un leurre résigné : elle représentait en trompe-l'œil, en trompe-voix ; le mime ne représente rien, sinon ironiquement ; la référence est le prétexte qui lui permet de présenter l'économie du geste, ses enchaînements ; il donne à voir un pur jaillissement qui l'apparente à la danse (1). Il est à lui-même sa propre fin, suscitée par une logique du nombre qui précède tout calcul de la pensée ; il est volonté simple de l'expression :

> Je serviray les massons, je mettray bouillir pour les massons, et le past terminé, au son de ma musette mesureray la musarderie des musars. Ainsi fonda, bastit et edifia Amphion, sonnant de sa lyre, la grande et celèbre cité de Thèbes (l. 177-181).

A nouveau Rabelais nous met sur une piste inédite : le poète est animé par une secrète intention, celle de la mesure. Si les maçons musardent, sa musette mesurera cette musarderie. Voilà comment s'édifie un nouvel univers, dont l'utilité n'est autre que de scander une geste en sa partition. Le mime est rythme, tout est là. Amphion ce demi-dieu, l'égal d'Orphée, avait usé de sa lyre pour mouvoir en rythme les pierres qui bâtirent Thèbes, cette anti-Corinthe, cette ville des poètes, qu'ils ouvrent généreusement, « sans rien payer » (l. 248) aux « vastadours, pionniers et rempareurs (l. 174-175), à tous ceux-là qui les ont ostracisés, dépossédés de tout : en retour (c'est leur superbe revanche) ils feront partager à tous leur « rien », dont on comprend aussi que ce puisse être leur « tout », puisque Nature s'y résume. La « comme-unité » réinvente une communauté qui a déjà les couleurs d'un « comme-unisme » d'avenir, celui où les poètes chantent les beaux lendemains qu'ils inventent grâce aux dieux.

La lyre d'or avait été donnée à Amphion par Mercure, le dieu rhéteur. Mêler le lyrisme à l'éloquence, le chant à

---

(1) On aura reconnu dans cette apporoche de définition l'écho de Mallarmé, celui de *Mimique* par exemple : « Tel opère le Mime, dont le jeu se borne à une allusion perpétuelle sans briser la glace. »

l'abondance, la rime au rythme, ce fut sans aucun doute le plus sûr dessein des poètes du XVIe siècle, et notamment du plus puissant d'entre eux, Ronsard. Il se vantait non sans raison d'être « le premier auteur lirique François » : aucun plus que lui n'a donné à la langue l'impulsion de la voix qui chante, selon les accents toujours variés de ce qu'il croyait être la Nature :

> Je suis de cette opinion que nulle Poësie se doit louer pour accomplie, si elle ne ressemble la nature, laquelle ne fut estimée belle des anciens, que pour estre inconstante et variable en ses perfections (O.C. II p. 973, Préface de 1550).

Le secret de cette « ressemblance » est l'art de la modulation : si « nature » est « variété », il faut savoir changer les formes, les renouveler au gré de ses impulsions. Si « imitation de la nature » il y a encore, il faut l'entendre au sens où l'*Imitation de Jésus-Christ*, depuis le début du XVe siècle, proposait aux fervents de la *Devotio moderna* non de reproduire leur divin modèle, mais de mimer chaque jour sa vie dans la leur.

On a sans cesse reproché à Ronsard d'avoir cultivé une muse trop savante ; lui-même avait déclaré la guerre au « vilain monstre Ignorance » ; mais sa « science » de poète dépassait infiniment sa connaissance des anciens poètes : celle-ci lui était nécessaire pour créer l'espace irréel, féerique de la fiction (langue, images, thèmes), dont l'hermétisme interdisait au « vulgaire » (qui n'est pas forcément celui qu'on pense) l'accès aux plus hauts mystères. Ronsard a eu le sentiment très vif que la poésie vraie est par nature secrète et difficile, parce qu'elle met en jeu avec des mots ce que les mots ne disent jamais, parce que cela relève du sensible, à savoir la mouvance des forces pulsionnelles, le rythme même de Nature. D'où chez lui, cette incroyable faculté d'épuiser toutes les combinaisons du verbe et du mètre, de pousser aux limites de leur combinatoire les formes qu'il réinventait (le sonnet tout particulièrement), de soulever la pâte verbale pour lui conférer ce que l'oralité permettait seule de faire éprouver. A l'inverse de Du Bellay, qui se flattait, dans ses *Regrets*, de prosaïser le vers, il revendiquait sa plénitude sonore. Le moindre vers de Ronsard impose une dépense articulatoire, qui est le « souffle » sans métaphore, l'« inspiration » au sens propre, concret, avant que ces termes soient réduits à leur idéalité sans corps.

Ainsi s'explique l'attention que Ronsard n'a cessé de porter à la littéralité la plus infime :

> Tu ne treuveras facheus si j'ay quelques fois changé la lettre E en A, et A en E, et bien souvent, ostant une lettre d'un mot, ou la luy adjoutant, pour faire ma rime plus sonoreuse ou parfaite.

Et un peu plus loin encore :

> Je veux bien t'advertir, Lecteur, de prendre garde aux lettres, et feras jugement de celles qui ont plus de son et de celles qui en ont le moins. Car A, O, V et les consonnes M, B et les SS finissant les mots, et sur toutes les RR, qui sont les vrayes lettres Heroïques, font une grande sonnerie et batterie aux vers (O.C. II, p. 976).

La « sonnerie », la « batterie » du vers l'emportent de loin sur l'illusion représentative qu'il s'impose cependant : le poète est d'abord celui qui éprouve et fait éprouver la présence réelle du matériau verbal, sa résistance aussi, grâce à quoi le vers n'a d'autre sens que de mimer la pulsation chtonienne (1).

---

(1) Ainsi s'explique la façon exemplaire dont Ronsard a relevé le défi que les alexandrins semblaient lancer aux poètes, parce qu'ils avaient, pensait-il, une propension naturelle vers la prose, étant « trop enervés et flaques », ayant « trop de caquet » (O.C. II, p. 1026) : des vers mous, bavards ! Etait-il possible de leur conférer la cadence qui en ferait les égaux du décasyllabe ? Ronsard a manié l'alexandrin, l'essayant à toutes sortes de combinaisons, au point qu'il a réussi à en faire le vers français par excellence.

Toutefois, le rythme ne s'identifie pas à la poésie, ni à la musique : il est en elles deux ce qui sans doute les apparente, mais aussi bien il diffère de l'une et de l'autre, en même temps qu'il en est le support. De Ronsard vient sans doute le quiproquo de leur vaine rivalité à venir ; il voulait rétablir les liens entre la musique et le vers, entre « le doux accord d'instruments » et la « douceur de la voix naturelle » (O.C. II, p. 1004). Cet accord, qui avait de tout temps scellé l'une à l'autre poésie et musique, était alors en train de se défaire, en dépit des apparences : en effet, jamais autant qu'au XVIe siècle les poètes n'ont été mis en musique par des musiciens déjà professionnels ; mais c'était le signe de l'écart irréversible qui exilait ces deux formes l'une de l'autre. Rien n'y fera : la musique, dont on découvrait les infinies richesses, ne sera jamais plus que le vêtement d'une poésie qui lui enviera sa puissance sonore et s'épuisera à en donner la pâle image. Le goût de Ronsard pour la « sonnerie » des vers témoigne de cette rupture (1). Mais il eut aussi le sentiment très sûr, puisé peut-être dans le retrait de sa surdité, que la poésie, ainsi réduite ou rendue à elle-même, devait trouver en elle ses propres ressources. Loin de toute musique imitative ou simplement allitérative, la sonorité des mots imposait la présence charnelle de ce corps spirituel (les mots signifient toujours quelque chose) dans lequel se manifeste ce « nœud rythmique », à quoi le sujet se résume peut-être, lorsqu'au plus près de lui-même il se saisit comme un être de langage (2).

---

(1) Ronsard s'est longuement exprimé sur l'accord qu'il souhaitait restaurer entre poésie et musique, dans sa Préface aux *Meslanges* de 1560 (O.C. II, p. 979). Mais il ne concevait pas la musique autrement que ne l'avait fait l'âge antérieur : elle était pour lui ce qui règle l'harmonie universelle. Il n'écrivait pas pour des musiciens, même s'il réclamait leur concours, et de son aveu même il ignorait tout de leur art.

(2) Sur ce thème, lire P. Lacoue-Labarthe, « L'écho du sujet », in *Le sujet de la philosophie* (1979), notamment p. 285-298.

Mimer n'est pas imiter : soit, mais qu'est-ce qui distingue au juste l'un de l'autre ? Comment s'assurer que ces deux fonctions n'échangent pas subrepticement leur rôle ? Après tout, il s'agit toujours de mots : le lecteur saura-t-il reconnaître l'effet de texte qui différencie la voix inspiratrice de la parole banalisée, le rythme vivant de la mesure imposée ? Apparemment le poète, lui, ne s'y trompe pas : lorsque le Dieu est là, il est dépossédé d'un lui-même qui était faux-semblant, et rempli d'une force qui le dépasse. Contraint de se soumettre, il n'existe plus comme individu, il devient un sujet assujetti à ce qui le fait mourir à lui-même :

> Qui veut voler par les mains et bouches des hommes, doit longuement demeurer dans sa chambre ; et qui desire vivre en la memoire de la posterité, doit comme mort en soy-mesmes suer et trembler maintes-fois :

cette affirmation de la *Défense et illustration* (livre II, chap. 3, p. 105-106), même si Du Bellay la reprend mot pour mot de son modèle italien Speroni, a de quoi surprendre : elle contredit l'euphorie créatrice, l'abondance facile de Rabelais ; la vie promise est celle d'une immortalité, qui présuppose la mort au présent. Ronsard décrit en termes voisins l'effet destructeur des Muses sur le poète :

> Pour elles à trente ans j'avois le chef grison,
> Maigre, palle, desfait, enclos en la prison
> D'une melancholique et rheumatique estude,
> Renfrogné, mal-courtois, sombre, pensif et rude,
> A fin qu'en me tuant, je peusse recevoir
> Quelque peu de renom pour un peu de sçavoir. (1)

---

(1) *Discours à Pierre l'Escot* (1560) O.C. II, p. 422.

On comprend que son père ait cru bon de le « retanser », le voyant ainsi se consumer pour ce qui avait toutes les apparences de la « fumée » ou de la « poudre ». Lorsque Mallarmé parlera de la « disparition élocutoire » du poète, il aura lui aussi éprouvé que l'espace où vit le sujet implique le risque accepté de sa mort. Si l'écriture permettait à Rabelais d'affirmer librement son nom, « l'estude » est pour Ronsard une « prison » où il abandonne son nom pour un « renom » hypothétique. Les coulisses de l'inspiration sont quelque peu effrayantes : si le tonneau se remplit du sang du poète, ce n'est pas lui qui s'enivre, mais un dieu barbare, lequel une fois repu, abandonne sa victime épuisée :

Quand la fureur me laisse, tout soudain,
Plume et papier me tombent de la main ;
(...) Je deviens homme à moy-mesme odieux,
Mais quand du tout ceste ardeur se retire
Je ne sçaurois ny penser ny redire
Les vers escrits, et ne m'en souviens plus.
Je ne suis rien qu'un corps mort et perclus. (1)

Après que le Dieu s'est retiré avec sa « fureur », le sujet fait la navrante reconnaissance de lui-même : « inspiré » ou non, il est un être du passage, du vide, et la mort est son exercice quotidien.

Le doute gagne alors, touchant aussi bien la fonction du poète que le « mestier » poétique, comme le donne à lire le *Caprice* retrouvé dans les pièces posthumes de Ronsard (2), ou encore l'*Elégie à Grevin*, où il avoue son insatisfaction, se dit « content et non content », au point que

(1) *La Lyre*, à Jean Belot, O.C. II, p. 323.
(2) O.C. II, p. 674.

> ... me voyant sans plus icy demy poëte
> Un mestier moins divin que le mien je souhaitte. (1)

Montaigne, on s'en souvient, se définissait comme un être « mestis ». Ce demi-désaveu vient de ce que la souffrance infligée au poète ne se justifie plus en ces temps modernes, où la poésie ne peut plus être ce qu'on imaginait jadis, aux temps de la Grèce ancienne : les poètes y étaient vraiment, totalement inspirés ; le temps est venu de la méconnaissance et le poète est confondu avec le versificateur. Le voici contraint à la médiocrité, à ce « mestier »

> Qui, tenant le millieu, pour bon est approuvé. (2)

La voix, qu'on croyait avoir retrouvée, n'est plus ce qu'elle était à l'origine. A l'âge de l'exil et de l'imitation, comment s'assurer d'une sincérité sans mélange ? La feinte se mêle partout, le jeu du faire-semblant. Tout jeune, Ronsard avait appris de Dorat le poison des « fables », et comment

> On doit feindre et cacher les fables proprement
> Et à bien desguiser la verité des choses
> D'un fabuleux manteau, dont elles sont encloses. (3)

L'« origine » elle-même n'avait pas échappé à l'obligation de la « feinte ». Les « quatre ou cinq » poètes vraiment divins de la Grèce antique étaient-ils autre chose que des menteurs inspirés ? N'est-ce pas eux

> ... qui ont à la faconde
> Accouplé le mystère, et d'un voile divers
> Par fables ont caché le vray sens de leurs vers ? (4)

---

(1) *Elégie à Grevin*, O.C. II, p. 921-922.
(2) Ibid. p. 923.
(3) *Hymne à l'automne*, O.C. p. 241.
(4) *Elégie à Grevin*, p. 922.

Certes, le mensonge était pieux : il fallait préserver les « mystères sacrés » des atteintes des ignorants et des impies. Mais comment ne pas concéder que le mal œuvrait dès le départ, et que, pour « voiler » la vérité, il fallait recourir à un art « très-subtil » et d'autant plus dangereux ?

Autrement dit, le mime pur, fidèle expression du rythme fondamental, est une chimère : il faut toujours en passer par la fiction mimétique, par la figure fictive du mensonge à reproduire, qui masque ce qu'on voulait produire, révéler. D'où le mécontentement de Ronsard, qui ne peut échapper au partage, prisonnier de sa « rheumatique estude » ; d'où encore le revirement de Du Bellay, exilé de sa propre poésie au cœur même de son exercice : ils étaient en proie à la contradiction, qui fait du sujet de la littérature un être voué à la mort, moins de son corps, que de cela qu'il écrit, où il pensait trouver l'immortalité. Comment sortir des mots avec les mots ? Comment accéder à la Présence au moyen de ce qui en sépare ? Le dilemme est toujours là où nous l'avions laissé croyant en sortir.

Voilà pourquoi, parvenu si haut, le sujet de la littérature retombe si bas : il est cette alternative. L'écrivain de notre Prologue n'y échappe pas lui aussi. La santé retrouvée dans l'ivresse avait une signification négative : elle le poussait à proscrire de la cité poétique les seuls « caphars » avec leurs faux problèmes, leurs mensonges, avec leur tristesse sourcilleuse, signe de maladie ou de méchanceté. Mais à quelle utilité destiner pareille euphorie ? Car il faut bien en dernier ressort se faire accepter dans la cité qu'on ne peut déserter. Le poète consent donc à occuper une place de second rang : celle d'amuseur ou d'histrion ; il sera « le badin de la farce », comme dit Montaigne, il offrira au guerrier son repos, son « past », au riche son luxe, ou encore il se fera « laudateur » des exploits dont il a été exclu :

> Et me auront pour Architriclin loyal, rafraischissant à mon petit pouvoir leur retour des alarmes, et laudateur, je

diz infatigable, de leurs prouesses et glorieux faicts d'armes (l. 189-194).

La littérature définit sa fonction à venir : un jeu divertissant, la vacance où l'on oublie le sérieux du labeur, afin de mieux ensuite le reprendre ; tout cela qu'aujourd'hui encore trop souvent on destine au conformisme des masses, sous le nom ambigu de « culture ».

Jusqu'à l'inspiration, dont le poète ne sait même plus si elle vient vraiment des dieux, et qu'il attribue au bon plaisir des rois et de sa cour, par ailleurs détestés. Ronsard se réfugie à Paris, lorsque les pompes royales se déplacent en province, car, dit-il, « je hay la court comme la mort » (1) ; mais en même temps, il n'hésite pas à déplorer la mort de Charles IX (1574) :

La mort l'a pris en sa premiere course,
Et quant et quant elle a tari la source
Où je puisois ceste douce liqueur
Qui m'eschauffoit les esprits et le cœur.

On sait quelle est cette « source » dont venait la « liqueur » de l'inspiration dans son tonneau : c'était l'argent, que ce roi, plus généreux que ses prédécesseurs, avait alloué au poète, notamment pour qu'il écrivît sa *Franciade*. L'inspiration ? Une affaire de gros sous ! Elle vient pour qui la paie, et il ferait beau voir de s'en offusquer, quand il faut bien survivre à sa propre mort ! L'ère des poètes « crottés », à défaut d'être « dotés », commence ; l'exil est bien définitif, dans une société qui ne croit pas aux vertus de la « fureur ». Mais les poètes y croient-ils encore eux-mêmes, dès lors qu'ils sont réduits à fournir les « menus plaisirs » des Grands de ce monde ? Du Bellay, qui nourrit ses vers de la satire contre les

---

(1) Lettre à M. de Sainte-Marthe, O.C. II, p. 1047.

courtisans et les puissants, doit bien à son tour reconnaître ce qu'il leur doit :

> Et qui ne prend plaisir qu'un prince lui comande ?
> L'honneur nourrit les arts, et la Muse demande
> Le theatre du peuple et la faveur des rois
> (*Regrets*, sonnet 7).

Le « théâtre » : voici à nouveau ce dernier et maître mot, avec cet autre qui suscite le poète : le « plaisir », qui se suffit à lui-même et justifie le travail poétique, alors même qu'on n'en attend plus guère de révélations. La poésie n'est plus qu'un divertissement pour les autres, un jeu pour soi ; on y multiplie les inventions verbales, les formules insolites, pour procurer au temps découvert le moyen d'être « passé » avec agrément, grâce aux distractions que procure l'« esprit ». A Montaigne encore le dernier mot :

> Et quand personne ne me lira, ay-je perdu mon temps de m'estre entretenu tant d'heures oisifves à pensements si utiles et agreables (...) Les plus delicieux plaisirs, si se digerent-ils au dedans, fuyent à laisser trace de soy, et fuyent la veue non seulement du peuple, mais d'un autre. Combien de fois m'a cette besogne diverty de cogitations ennuyeuses (II-18 p. 665).

Sans doute parlait-il en homme qui n'avait pas besoin de sa plume pour vivre ; et la « honte », dont il espérait recueillir le profit, n'aurait pas d'autre « théâtre » que lui-même, à supposer qu'il dût jamais en éprouver, lui qui avouait ignorer tout repentir. Se serait-il jamais laissé publier, s'il avait su en courir le risque ? Pour d'autres, il est vrai, la « honte » devait rester la marque d'une faute originelle, incompréhensible, et comme le signe d'une obscure trahison, qu'ils essayaient d'oublier en jouant de leurs mots, avec, souvent dissimulé, un triste « ris sardonien ».

CONCLUSION

L'AUTEUR DISCRÉDITÉ

Maintenant donc, les choses sont claires : « On ne part pas – Reprenons les chemins d'ici » : ce constat de Rimbaud dans sa *Saison* répète avec d'autres mots celui des écrivains trois siècles plus tôt : à lui aussi la littérature était l'enfer, ce royaume fabuleux où le sujet-auteur naît exilé dans la langue. Lui-même, grimaçant comme un beau diable, s'y essayait à toutes les poses les plus convenues pour s'en débarrasser, jusqu'au moment où il décidait d'aller trafiquer ailleurs, dans quelque Harrar de la réalité, un autre exil. « Plus de mots » ; « je ne sais plus parler » : l'entrée aux « splendides villes » s'achèterait-il au prix de ce silence ? Mais comment renoncer à « la rage de l'expression », absurde, irrépressible ? Comment quitter le parti pris des mots pour épouser celui des choses (1) ? Comment ne pas chaque fois constater l'écart natif de l'un à l'autre ?

Le sujet de la littérature est né d'avoir été pris dans cette

(1) Rappeler ici l'obsession qui poussait Ponge à « définir » les objets, c'est établir jusqu'à nous la filiation de la « littérature » : il éprouvait le plus profond dégoût pour « l'idéologie patheuse » sécrétée par des générations d'écrivains (Malherbe, La Fontaine, Mallarmé et quelques autres exceptés), et il lui fallait débarrasser les choses de toute cette crasse pour que les mots pussent enfin exprimer leur loi, qui se confond avec celle de la création poétique. En finir avec la « littérature », retrouver l'usage premier des mots, c'est le mot d'ordre que la génération d'après Mallarmé n'a cessé de vouloir appliquer. Où en sommes-nous aujourd'hui ?

tenaille, ce « far » : déporté d'un de ces centres à l'autre, lui-même excentré, il n'a cessé de jouer tour à tour leur jeu alterné, à la recherche de lui-même. Originairement, il est donc un non-lieu. Aucune assignation à comparaître nulle part jamais ne l'atteint, sauf quand il se représente et se rate dans la fiction externée de soi. Il est aussi une non-personne : c'est Hamlet crayonné au théâtre par Mallarmé : « le seigneur latent qui ne peut advenir », et qui « se débat sous le mal d'apparaître ». Avec les figures toujours autres de lui-même, celles notamment de « l'auteur », il entretient le rapport mimétique de la fiction, ou plutôt il tient entre ces figures l'illusoire projet de sa propre identification, de sa saisie. Il est l'entre-deux qui supporte la plénitude, dont il est cependant frustré : la « désistance » (1) est son non-être ; l'exil est bien son royaume.

Comme pour racheter ce manque, le sujet devait s'inventer soi-même sous la forme de ses doubles mimétiques, façon de se donner corps et se mirer dans ses leurres. « L'auteur » a été l'une de ces figures privilégiées, mais qui a toujours dépassé le simple droit de signer et de revendiquer son produit : l'auteur, c'est aussi et surtout chacune de ces autres figures qui peuplent l'écriture, et dont la diversité contradictoire mime celle du sujet lui-même. Du jour où l'écriture était la malédiction, la « malencontre » originelles, il fallait bien essayer de s'en expliquer la raison. Jamais avant le XVIe siècle

(1) J'emprunte ce néologisme à J. Derrida (*Psyché-inventions de l'autre*, Galilée, 1987, p. 597-638), qu'il propose à Ph. Lacoue-Labarthe, pour rassembler d'un mot les thèses que ce dernier développe autour du « sujet » conçu comme « l'infirmité » d'un « désistement premier » : « Le sujet est originairement l'infirmité du sujet, et cette infirmité est son intimité même, en déhiscence [...] Jacques Derrida me suggère d'appeler *désistance* cette infirmité native, sans laquelle aussi bien nul rapport (à soi ou à autrui) ne pourrait s'établir et il n'y aurait ni la conscience ni la socialité. Le "sujet" désiste, c'est pourquoi il est originairement fictionnable, et n'accède jamais à lui-même que par le supplément d'un modèle ou de modèles qui le précèdent » (Ph. L.-L., *La fiction du politique*, éd. cit., p. 72). Je reprends à mon compte cette définition, non sans préciser toutefois que le sujet n'« accède » jamais à lui-même, puisque son « infirmité » est le drame de sa « nativité » absolue et continuée ; aucun « modèle » ne la « précède », puisque qu'elle consiste justement à les « fictionner » sans cesse : je ne doute pas que Ph. Lacoue-Labarthe n'accorde cette précision.

les écrivains ne s'étaient interrogés sur l'astreinte qui les forçait à se prendre eux-mêmes comme « sujet ». Il fallait répondre à la question inouïe, dont je rappelais les termes au début de ce travail : qui suis-je là en train d'écrire, hormis le mouvement de ma main sur le papier, où des mots s'alignent qui me traduisent autant qu'ils me trahissent ?

Question insoutenable, à vrai dire, et que les écrivains s'efforceront d'éluder, d'oublier après qu'elle a été posée dès l'aube de la Renaissance. Très vite « l'auteur » (qui aura définitivement perdu l'*H* renvoyant à son indicible support) va tomber dans une sorte de disgrâce qui durera au moins deux siècles :

> Quand on voit le style naturel, on est tout étonné et ravi, car on s'attendait de voir un auteur et on trouve un homme. Au lieu que ceux qui ont le goût bon et qui en voyant un livre croient trouver un homme sont tout surpris de trouver un auteur.

Cette célèbre « pensée » de Pascal (1) était ainsi développée par Andry de Boisregard, dans ses *Réflexions sur l'usage présent de la langue française* (1683) :

> Un Auteur tout court, c'est un homme qui n'a pas le sens commun, qui se mêle d'écrire & qui n'y entend rien. C'est un homme qui ne raisonne pas comme les autres hommes, & qui prenant des routes différentes s'égare dans ses pensées, s'enteste de soy-mesme, ne parle jamais naturellement, met son souverain bonheur à mettre un Livre au jour. Trop heureux de faire parler de soy en quelque manière que ce soit sous le nom d'Auteur. Il ne faut rien attendre de ces gens-là de raisonnable, tout y est hors des bornes de la nature & de la raison (p. 81-82).

(1) Ed. Lafuma, pensée 675. Montaigne, dont Pascal s'inspire ici (*Essais*, III-2, p. 801), avait senti venir ce discrédit de l'auteur. Les quolibets ne manqueront pas durant le XVIIe siècle : la satire la plus cruelle sera celle de Saint-Evremond dans sa *Comédie des académistes* (1683).

Dans ce portrait d'un fou, on reconnaît sans peine les marques du mal originaire qu'on cherche ici à discréditer par la charge grotesque. Les temps sont à la norme sociale qu'on baptise « nature » ; les nouveaux Rabelais-Diogène sont des excentriques dont on rit. Leur folie consiste à vouloir qu'un livre exprime ce sujet en eux irréductible. Une dernière étymologie, après celles dont j'ai fait état, recueillie par Furetière dans son *Dictionnaire* (1690), marque bien le point où nous en sommes : « Ce mot vient d'*autos, ipse*. L'Auteur est celuy qui n'a pas pris son ouvrage d'un autre. » En ces temps où « le moi est haïssable », où l'on est toujours venu trop tard pour encore innover, où l'imitation ne prétend plus à l'invention, cette définition est le signe du ridicule. Mais l'on ne se délecte ainsi dans le conformisme que pour écarter, oublier, méconnaître ce sujet, dont Pascal en même temps accusait le vide insoutenable au cœur des deux infinis, eux-mêmes vidés de la présence divine.

Cette esquive prendra d'autres formes avec le temps : la lente décomposition de la monarchie sera celle aussi du sujet souverain, qui succombera d'avoir pris sur lui la charge de supporter tous les autres sujets (« ses sujets »). C'est le moment où se forme l'image d'un sujet politique parcellisé en chacun des concitoyens, monades « sans porte ni fenêtre », dans un monde qu'il faut alors supposer réglé, pour le protéger de son atomisation, soit par une « harmonie préétablie », soit par une volonté « démocratique » scellée dans un « contrat ». On invente la figure de « l'individu », microcosme clos sur sa plénitude insécable, « inaliénable », façon d'attribuer au sujet de l'errance une essence stable, fiable : que la littérature ait participé à cette élaboration, durant tout le siècle justement dit « des lumières » (1), c'est une évi-

(1) Ces « lumières » éclairent d'abord l'ombre où le sujet, enfin pourvu de la densité qu'il cherchait, jusque-là s'abîmait. L'hostilité de Voltaire contre Pascal (dans la fameuse XXVe *Lettre anglaise*), marque très exactement ce renversement du sujet.

dence qui témoigne du désir éprouvé par le sujet de la littérature d'en finir avec l'exil dont il était toujours menacé, d'organiser à son profit la cité de peur qu'elle ne l'ostracise une fois encore (1).

Lorsque l'auteur fera bruyamment son retour au XIXe siècle (sous les postures conjuguées de « l'artiste » et du « poëte ») pour des raisons qu'il n'est pas temps d'exposer ici, l'excès même de sa revendication en précipitera la fin. Le héros affiche maintenant la « différence » dont autrefois il avait « honte », la marginalité qui le rendait ridicule ; le temps de l'exclusion est revenu, dont il revendique fièrement le privilège, en même temps qu'il en souffre : il est l'homme de l'ailleurs, au-delà même du langage dont il fait cependant profession. La figure de Hugo, l'exilé, le prophète, a résumé le siècle, l'achevant en même temps qu'il fermait la parenthèse ouverte par la Renaissance : avec sa mort « l'auteur » disparaissait aussi, et des siècles de « littérature » marqués par son affirmation incessamment soupçonnée.

> Monument en ce désert, avec le silence loin ; dans une crypte la divinité ainsi d'une majestueuse idée inconsciente, à savoir que la forme appelée vers est simplement elle-même la littérature.

La lucidité de Mallarmé visait juste (2) : la « littérature » laissait paraître dans ce « monument » déserté qu'elle ne s'était jamais confondue avec le visage de quelque auteur que ce fût, mais qu'elle était originairement la pulsation d'un sujet réduit à la dynamique du rythme, du mime pur, à la fois tout et rien, simple « triballement de tonneau ». Pour lui redonner, non pas consistance ou contenance, mais sens, il restait à renouer avec le temps d'avant la *diaspora* subjective,

---

(1) Que Rousseau, autre figure exemplaire de l'exilé, soit celui qui ait formulé avec le plus de précision la nature et la nécessité du « contrat social », prouve à l'excès la nécessité pour le sujet vide de trouver hors de lui l'assurance de sa survie.

(2) « Crise de vers » (*Œuvres complètes*, éd. Pléiade, p. 361).

avec l'obsession médiévale du Livre « objectal », proposé à la conscience, mais posé hors d'elle, « fait étant », qui, comme il semblait jadis l'avoir fait, réconcilierait le dessein du sujet transcendantal avec l'humilité des choses et des êtres d'ici-bas (1).

En définitive, ce fut un bon point pour le sujet de la littérature, que le discrédit après la dérision ait ainsi frappé l'auteur-histrion ; c'était la preuve que, dans ce qui avait jadis le nom de Belles Lettres, et qui était devenu la « littérature », quelque chose avait constamment opéré, qui de mimer son faux-semblant en avait forcé, forgé l'invention. Quoi au juste, sinon la contradiction qui avait suscité le sujet à monter sur l'échafaud de son livre pour se chercher, et à mourir d'avoir dû exhiber ainsi son néant ?

---

(1) La mort de l'auteur est inscrite dans son projet, qui est de trouver l'impossible silence : j'y reviens ailleurs. Mallarmé fut plus que tout autre conscient de ce dilemme, ce qui ne veut bien sûr pas dire que depuis lors nous n'ayons plus d'auteurs : leur pullulement prouve l'inverse, comme au temps de Montaigne qui s'inquiétait déjà de « l'escrivaillerie » autour de lui, y voyant le signe d'un « siècle débordé » !

APPENDICE

PROLOGUE DU *TIERS LIVRE*

PROLOGUE DE L'AUTHEUR

M. François Rabelais, pour le tiers livre des faicts et dicts Heroïques du bon Pantagruel.

[Bonnes gens], Beuveurs tresillustres, et vous Goutteux tresprecieux, veistez vous oncques Diogenes, le philosophe Cynic ? Si l'avez veu, vous n'aviez perdu la veue, ou je suis vrayement forissu d'intelligence et de sens logical. C'est belle chose veoir la clairté du (vin et escuz) Soleil. J'en demande à l'aveugle né, tant renommé par les tressacres bibles, lequel ayant option de requerir tout ce qu'il vouldroit, par le commandement de celluy qui est tout puissant et le dire duquel est en un moment par effect representé, rien plus ne demanda que veoir.

Vous item n'estez jeunes. Qui est qualité competente pour en vin, non en vain, ains plus-que-physicalement philosopher et desormais estre du conseil Bacchicque, pour en lopinant opiner des substance, couleur, odeur, excellence, eminence, [propriété, faculté, vertus,] effect et dignité du benoist et desiré piot.

Si veu ne l'avez (comme facilement je suis induict à croire), pour le moins avez vous ouy de luy parler. Car par l'aër et tout ce ciel est son bruyt et nom jusques à present resté memorable et celebre assez, et puys vous estes tous du sang de Phrygie extraictz (ou je me abuse) et, si n'avez tant d'escuz comme avoit Midas, si avez vous de luy je ne scay quoy, que plus jadis louoient les Perses en tous leurs Otacustes et que plus soubhaytoit l'empereur Antonin, dont depuys feut la serpentine de Rohan surnommée Belles aureilles.

Si n'en avez ouy parler, de luy vous veulz presentement une histoire narrer pour entrer en vin (beuvez doncques) et propous (escoutez doncques), vous advertissant (affin que ne soiez en simplesse pippez comme gens mescreans) qu'en son temps il feut philosophe rare et joyeux entre mille. S'il avoit quelques imperfections, aussi avez vous, aussi avons nous. Rien n'est, sinon Dieu, perfaict. Si est ce que Alexandre le grand, quoy qu'il eust Aristoteles pour præcepteur et domestic, l'avoit en telle estimation, qu'il soubhaytoit, en cas que Alexandre ne feust, estre Diogenes Sinopien.

Quand Philippe, roy de Macedonie, entreprint assieger et ruiner Corinthe, les Corinthiens, par leurs espions advertiz que contre eulx il venoit en grand arroy et exercite numereux, tous feurent non à tort espoventez, et ne feurent negligens soy soigneusement mettre chascun en office et debvoir pour à son hostile venue resister et leur ville defendre. Les uns des champs es forteresses retiroient meubles, bestail, grains, vins, fruictz, victuailles et munitions necessaires.

Les autres remparoient murailles, dressoient bastions, esquarroient ravelins, cavoient fossez, escuroient contremines, gabionnoient defenses, ordonnoient plates formes, vuidoient chasmates, rembarroient faulses brayes, erigeoient cavalliers, ressapoient contrescarpes, enduisoient courtines, produisoient moyneaux, taluoient parapetes, enclavoient barbacanes, asseroient machicoulis, renouoient herses [Sarrazinesques] et Cataractes, as-

soyoient sentinelles, forissoient patrouilles. Chascun estoit au guet, chascun portoit la hotte.

Les uns polissoient corseletz, vernissoient alecretz, nettoioient bardes, chanfrains, aubergeons, briguandines, salades, [bavieres, cappelines, guisarmes], armetz, mourions, mailles, [jazerans, brassalz, tassettes,] goussetz, guorgeriz, hoguines, plastrons, lamines, aubers, pavoys, boucliers, caliges, greves, soleretz, esprons.

Les autres apprestoient arcs, fondes, arbalestes, glands, catapultes, [phalarices,] micraines, potz, cercles et lances à feu, balistes, scorpions et autres machines bellicques repugnatoires et destructives des Helepolides. Esguisoient vouges, picques, rancons, halebardes, hanicroches, [volains,] lances, azes guayes, fourches fières, parthisanes, massues, hasches, dards, dardelles, javelines, javelotz, espieux. Affiloient cimeterres, brands d'assier, badelaires, [paffuz,] espées, verduns, estocz, pistoletz, viroletz, dagues, mandousianes, poignars, cousteaulx, allumelles, raillons.

Chascun exerceoit son penard : chascun desrouilloit son bracquemard. Femme n'estoit, tant preude ou vieille feust, qui ne feist fourbir son harnoys : come vous sçavez que les antiques Corinthienes estoient au combat couraigeuses.

Diogenes, les voyant en telle ferveur mesnaige remuer et n'estant par les magistratz employé à chose aulcune faire, contempla par quelques jours leur contenence sans mot dire : puis, comme excité d'esprit Martial, ceignit son palle en escharpe, recoursa ses manches jusques es coubtes, se troussa en cuilleur de pommes, bailla à un sien compaignon vieulx sa bezasse, ses livres et opistographes, feit hors la ville tirant vers le Cranie (qui est une colline et promontoire lez Corinthe) une belle esplanade : y roulla le tonneau fictil qui pour maison luy estoit contre les injures du ciel, et, en grande vehemence d'esprit des-

ployant ses braz, le tournoit, viroit, brouilloit, [barbouilloit,] hersoit, versoit, renversoit, [nattoit, grattoit, flattoit, barattoit,] bastoit, boutoit, butoit, tabustoit, cullebutoit, trepoit, trempoit, tapoit, timpoit, estouppoit, destouppoit, detraquoit, triquotoit, tripotoit, chapotoit, croul loit, elançoit, [chamailloit,] bransloit, esbranloit, levoit, lavoit, clavoit, entravoit, bracquoit, bricquoit, blocquoit, tracassoit, ramassoit, clabossoit, afestoit, affustoit, [baffouoit, enclouoit, amadouoit, goildronnoit, mittonnoit, tastonnoit, bimbelotoit, clabossoit, terrassoit, bistorioit, vreloppoit, chaluppoit,] charmoit, armoit, gizarmoit, enharnachoit, empennachoit, caparassonnoit, le devalloit de mont à val et præcipitoit par le Cranie : puys de val en mont le rapportoit, comme Sisyphus faict sa pierre : tant que peu s'en faillit qu'il ne le defonçast. Ce voyant quelqu'un de ses amis, luy demanda quelle cause le mouvoit à son corps, son esprit, son tonneau ainsi tormenter. Auquel respondit le philosophe qu'à aultre office n'estant pour la republicque employé, il en ceste façon son tonneau tempestoit pour, entre ce peuple tant fervent et occupé, n'estre veu seul cessateur et ocieux.

Je pareillement, quoy que soys hors d'effroy, ne suis toutesfoys hors d'esmoy, de moy voyant n'estre faict aulcun pris digne d'œuvre, et consyderant par tout ce tresnoble royaulme [de France,] deça, dela les mons, un chascun aujourd'huy soy instantement exercer et travailler : part à la fortification de sa patrie et la defendre, part au repoulsement des ennemis et les offendre : le tout en police tant belle, en ordonnance si mirificque et à profit tant evident pour l'advenir (Car desormais sera France superbement bournée, seront François en repous asceurez), que peu de chose me retient que je n'entre en l'opinion du bon Heraclitus, affermant guerre estre de tous biens pere : et croye que guerre soit en latin dicte belle non par antiphrase, ainsi comme ont cuydé certains repetasseurs de vieilles ferrailles latines, parce qu'en guerres gueres de beaulté ne voyoient, mais absolument et simplement, par raison qu'en guerre apparoisse toute espece de bien et beau, soit decelée toute espece de mal et laidure. Qu'ainsi soit, le Roy saige et pacific Solomon n'a sceu mieulx nous reprœsenter la perfection indicible de la sapience divine, que la comparant à l'ordonnance d'une armée en camp.

Par doncques n'estre adscript et en ranc mis des nostres en partie offensive, qui me ont estimé trop imbecille et impotent, de l'aultre, qui est defensive, n'estre employé auculnement, feust ce portant hotte, cachant crotte, [ployant rotte] ou cassant motte, tout m'estoit indifférent : ay imputé à honte plus que mediocre estre veu spectateur ocieux de tant vaillans, disers et chevalereux personnaiges, qui en veue et spectacle de toute Europe jouent ceste insigne fable et Tragicque comedie, ne me esvertuer de moy mesmes et non y consommer ce rien, mon tout, qui me restoit. Car peu de gloire me semble accroistre à ceulx qui seulement y emploictent leurs œilz, au demeurant y espargnent leurs forces, celent leurs escuz, cachent leur argent, se grattent la teste avecques un doigt comme landorez desgoustez, baislent aux mouches comme Veaulx de disme, chauvent des aureilles comme asnes de Arcadie au chant des musiciens et par mines en silence signifient qu'ilz consentent à la prosopopée.

Prins ce choys et election, ay pensé ne faire exercice inutile et importun si je remuois mon tonneau Diogenic, qui seul m'est resté du naufrage faict par le passé on far de Mal'encontre. A ce triballement de tonneau que feray je en vostre advis ? Par la vierge qui se rebrasse, je ne scay encores. Attendez un peu que je hume quelque traict de ceste bouteille : c'est mon vray et seul Helicon, c'est ma fontaine Caballine, c'et mon unicque Enthusiasme. Icy beuvant je delibere, je discours, je resoulz et concluds. Après l'epilogue je riz, j'escripz, je compose, je boy. En-

nius beuvant escrivoit, escrivant beuvoit. Æschylus (si à Plutarche foy avez in Symposiacis*) beuvoit composant, beuvant composoit. Homere jamais n'escrivit à jeun. Caton jamais n'escrivit que après boyre. Affin que ne me dictez ainsi vivre sans exemple des bien louez et mieulx prisez. Il est bon et frays assez, comme vous diriez sus le commencement du second degré : Dieu, le bon Dieu Sabaoth (c'est-à-dire des armées) en soit eternellement loué. Si de mesmes vous autres beuvez un grand ou deux petitz coups en robbe, je n'y trouve inconvenient aulcun, pourveu que du tout louez Dieu un tantinet.*

Puys doncques que telle est ou ma sort ou ma destinée (car à chascun n'est oultroyé entrer et habiter Corinthe) ma deliberation est servir et es uns et es autres : tant s'en fault que je reste cessateur et inutile. Envers les vastadours, pionniers et rempareurs, je feray ce que feirent Neptune et Apollo en Troie soubs Laomedon, ce que feit Renaud de Montaulban sus ses derniers jours : je serviray les massons, je mettray bouillir pour les massons, et, le past terminé, au son de ma musette mesureray la musarderie des musars. [Ainsi fonda, bastit et edifia Amphion sonnant de sa lyre la grande et celèbre cité de Thebes.] Envers les guerroyans je voys de nouveau percer mon tonneau. Et de la traicte (laquelle par deux præcedens volumes (si par l'imposture des imprimeurs n'eussent esté pervertiz et brouillez) vous feust assez congneue) leurs tirer du creu de nos passetemps epicenaires un guallant tiercin et consecutivement un joyeulx quart de sentences Pantagruelicques : par moy licite vous sera les appeller Diogenicques. Et me auront, puys que compaignon ne peuz estre, pour Architriclin loyal, refraischissant à mon petit povoir leur retour des alarmes, et laudateur, je diz infatiguable, de leurs prouesses et glorieulx faicts d'armes. Je n'y fauldray par Lapathieum acutum de Dieu, si Mars ne failloit à Quaresme ; mais il s'en donnera bien guarde, le paillard.

Me souvient toutesfoys avoir leu que Ptolemé, filz de Lagus, quelque jour, entre autres despouilles et butins de ses conquestes, præsentant aux Ægyptiens en plain theatre un chameau Batrian tout noir et un esclave biguarré, tellement que de son corps l'une part estoit noire, l'autre blanche, non en compartiment de latitude par le diaphragme, comme feut celle femme sacrée à Venus Indicque laquelle feut recongnue du philosophe Tyanien entre le fleuve Hydaspes et le mont Caucase, mais en dimension perpendiculaire, choses non encores veues en Ægypte, esperoit par offre de ces nouveaultez l'amour du peuple envers soy augmenter. Qu'en advient-il ? A la production du Chameau tous feurent effroyez et indignez : à la veue de l'homme biguarré aulcuns se mocquerent, autres le abhominerent comme monstre infame, créé par erreur de nature. Somme, l'esperance qu'il avoit de complaire à ses Ægyptiens, et par ce moyen extendre l'affection qu'ilz luy pourtoient naturellement, luy decoulla des mains. Et entendit plus à plaisir et delices leurs estre choses belles, eleguantes et perfaictes, que ridicules et monstrueuses. Depuys eut tant l'Esclave que le Chameau en mespris : si que bien toust après, par negligence et faulte de commun traictement, feirent de Vie à Mort eschange.

Cestuy exemple me faict entre espoir et craincte varier, doubtant que pour contentement propensé je rencontre ce que je abhorre, mon thesaur soit charbons, pour Venus advieigne Barbet le chien, en lieu de les servir je les fasche, en lieu de les esbaudir je les offense, en lieu de leurs complaire je desplaise, et soit mon adventure telle que du coq de Euclion, tant celebré par Plaute en sa Marmite *et par Ausone en son* Gryphon *et ailleurs : lequel, pour en grattant avoir descouvert le thesaur, eut la couppe guorgée. Advenent le cas, ne seroit-ce pour chevreter ? Autresfois est-il advenu : advenir encores pourroit. Non fera, Hercules ! Je recongnois en eulx tous une forme specific-*

que et propriété individuale, laquelle nos majeurs nommoient Pantagruelisme, moienant laquelle jamais en maulvaise partie ne prendront choses quelconques ilz congnoistront sourdre de bon, franc et loyal couraige. Je les ay ordinairement veuz bon vouloir en payement prendre et en icelluy acquiescer, quand debilité de puissance y a esté associée.

De ce point expedié, à mon tonneau je retourne.

Sus à ce vin, compaings. Enfans, beuvez à pleins guodetz. Si bon ne vous semble, laissez le. Je ne suys de ces importuns Lifrelofres, qui par force, par oultraige et violence, contraignent les Lans et compaignons trinquier, voire caros et alluz, qui pis est. Tout Beuveur de bien, tout Goutteux de bien, alterez, venens à ce mien tonneau, s'ilz ne voulent, ne beuvent ; s'ilz voulent et le vin plaist au guoust de la seigneurie de leurs seigneuries, beuvent franchement, librement, hardiment, sans rien payer, et ne l'espargnent. Tel est mon decret. Et paour ne ayez que le vin faille, comme feist es nopces de Cana en Galilée. Autant que vous en tireray par la dille, autant en entonneray par le bondon. Ainsi demeurera le tonneau inexpuisible. Il a source vive et vene perpetuelle. Tel estoit le brevaige contenu dedans la couppe de Tantalus representé par figure entre les saiges Brachmanes ; telle estoit en Iberie la montaigne de sel tant celebrée par Caton ; tel estoit le rameau d'or sacré à la déesse soubsterraine tant celebré par Virgile. C'est un vray Cornucopie de joyeuseté et raillerie. Si quelque foys vous semble estre expuysé jusques à la lie, non pourtant sera il à sec. Bon espoir y gist au fond, comme en la bouteille de Pandora : non desespoir, comme on bussart des Danaïdes.

Notez bien ce que j'ay aict, et quelle maniere de gens je invite. Car (affin que personne n'y soit trompé) à l'exemple de Lucillius, lequel protestoit n'escrire que à ses Tarentins et Consentinois, je ne l'ay persé que pour vous

[Gens de bien], Beuveurs de la prime cuvée, et Goutteux de franc alleu. Les geants doriphages avalleurs de frimars ont au cul passions assez et assez sacs au croc pour venaison : y vacquent s'ilz voulent, ce n'est icy leur gibbier. Des cerveaulx à bourlet grabeleurs de corrections ne me parlez, je vous supplie en nom et reverence des quatre fesses qui vous engendrerent, et de la vivificque cheville qui pour lors les coupploit. Des Caphars encores moins, quoy que tous soient beuveurs oultrez, tous verollez croustelevez, guarniz de alteration inextinguible et manducation insatiable. Pourquoy ? Pource qu'ilz ne sont de bien, ains de mal, et de ce mal duquel journellement à Dieu requerons estre delivrez, quoy qu'ilz contrefacent quelques foys des gueux. Oncques vieil cinge ne feit belle moue. Arriere, mastins ! Hors de la quarriere, hors de mon Soleil, Cahuaille au Diable ! Venez vous icy culletans articuler mon vin et compisser mon tonneau ? Voyez cy le baston que Diogenes par testament ordonna estre près luy posé après sa mort pour chasser et esrener ces larves bustuaires et mastins Cerbericques. Pourtant arriere, cagots ! Aux ouailles, mastins ! Hors d'icy, Caphards, de par le Diable hay ! Estez vous encores là ? Je renonce ma part de Papimanie, si je vous happe. Gzz. gzzz. gzzzzzz. Davant davant ! Iront ilz ? Jamais ne puissiez vous fianter que à sanglades d'estrivieres, [jamais pisser que à l'estrapade,] jamais eschauffer que à coups de baston !

Achevé d'imprimer
sur les presses de
l'Imprimerie Graphique de l'Ouest
Le Poiré-sur-Vie (Vendée)
No d'imprimeur : 8809
Dépôt légal : Mai 1991